勝てる！強くなる！ 強豪校の部活練習メニュー

卓球

愛知工業大学名電中学校
卓球部監督
真田浩二 監修

金の星社

はじめに

　この本を読むみなさんは、「これから卓球を始めたいが、何をすればよいのかわからない」とか、「もっと試合に勝ちたいが、どうすればよいのかわからない」などと思っている方が多いのではないでしょうか。
　本来、スポーツは楽しいものです。楽しいから多くの人がスポーツをするのだと思います。大事なのは、そのスポーツを好きになることです。まず、卓球を大好きになってください。それが上達する一番のコツです。

　しかし、試合に勝つとなると簡単ではありません。目標が高くなればなるほど、厳しく苦しい練習が必要になり、一生懸命に努力することが大切になります。高い目標を持ってがんばることで、競技スポーツの本当のすばらしさを体感してもらいたいと思います。
　では、卓球の試合で勝つために必要なことは何でしょうか。まず、第一に基本の力を高めることです。基本的なフォアハンドやバックハンド、フットワークを身につけ

ましょう。凡ミスをしないようにするためには、ボールにタイミングを合わせる、適正な打点で打つ、ラケットの角度やスイングの方向を調整することなどが必要です。これらを身につけるために、繰り返し練習を積むのです。

　第二は応用技術、応用力を高めることです。試合では、自分が待っているところに、ボールはきません。どこにくるのかわからないボールにすばやく反応して、対応しなければならないのです。特に卓球は至近距離で打ち合うので、一瞬の反応、判断が大切です。さらに、ボールの回転を見極めて、回転のしかたに合わせた打ち方をしなければなりません。

　本書では、試合で勝つために必要な基本から応用までの技術や練習、作戦を紹介しています。試合に勝つために卓球に取り組み、苦しみながら挑戦することで、人間的にも大きく成長していけます。大きな目標を持ち、勝利を目指して一生懸命、努力してください。努力はけっして裏切りません。

本書の使い方
効果的な練習方法を知ろう

本書では、中学卓球の強豪校が実際に取り入れている練習を、写真やイラストを使ってわかりやすく解説している。ここで本書の約束事を確認してから練習に移ろう。なお、コートの各部名称や、知っておきたい用語はP.124～125を参照しよう。

※本書には左ききの選手も登場するが、右ききを基本とした解説になっている。

テクニック名・練習名
このページで解説されているテクニックや練習の名前。

ビジュアル
どんなテクニックなのか、写真を使ってわかりやすく解説。足の動きやボールの動きなどは、矢印を使ってイメージしやすくしている。また、卓球台の図を使って、ボールや人の動きも解説している。

矢印や図の種類

 ボールの動く方向

 足や手、体の動く方向

 テクニックや練習の注目ポイント

 練習者に見立てたマーク

 練習相手、球出し役に見立てたマーク

---

03 基本技術

きき手側で打つ、卓球の基本の打ち方

フォアハンド

フォアハンドは基本中の基本。体全体を使ってスイングすることが大切だ。手や腕だけで打たないように、きちんとしたフォーム(スイング)を身につける。

1 ボールの動きに合わせてタイミングをとる。

2 インパクトしたあとも、しっかりと振る。

フォアハンドで打つときは、返球されたボールに対してタイミングを合わせて、適切なバックスイングをとること。このとき、股関節を意識しながら腰を回すようにしよう。ボールに向かってスイングし、体の右ななめ前あたりでインパクト。ラケットは前方向にスイングし、横に振らないように注意する。

手や腕、上半身だけでスイングするのではなく、下半身も使って体全体でスイングができるようにしよう。

テクニックの内容
どんなテクニックなのか、どんなときに使うのか、どう試合に役立つのかを具体的に解説。

段階別のトレーニングメニュー
そのテクニックがうまくできるようになるための練習方法を、2〜3の段階で解説。STEP1ができるようになったら、STEP2を練習する。少しずつ上達していく実感が持てるはずだ。

ポイント
練習で気をつけることやコツなど、大事なことが書かれている。

人数	練習に必要な人数
回数	練習回数の目安
道具	練習に必要な道具※
時間	練習の所要時間

※ほとんどの練習メニューでラケットを使うため、ラケットの表記は省略している。

やり方
練習の仕方や体の動かし方を順を追って解説。

STEP1 前陣で50本連続で打つ

| 人数 2人 | 回数 1セット |
| 道具 ボール | 時間 10分 |

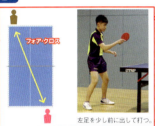

左足を少し前に出して打つ。

Point 足の位置を調整する
1. 前陣（台の近く）に立ち、フォアハンドでクロスに打つ（フォア・クロス）練習。50本連続で打つ。
2. ボール1球で練習相手と打ち合う。
3. 50本続いたら、バック・クロスやストレートも同じように打てるようにする。

STEP2 後陣で50本連続で打つ

| 人数 2人 | 回数 1セット |
| 道具 ボール | 時間 10分 |

後陣で打つときは、ボールを強めに打つことと、山なりに打つことが大事。

Point 前陣よりも大きなスイングで
1. 後陣（台から離れた位置）に立ち、フォア・クロスで打つ練習。50本連続で打つ。
2. ボール1球で練習相手と打ち合う。
3. 下半身の力を使って、前陣のときよりも大きなスイングで、山なりに返すようにする。

STEP3 左右に打ち分ける

| 人数 2人か3人 | 回数 1セット |
| 道具 ボール | 時間 10分 |

左右に打ち分けるときはラケットの面を変えて、打球の向きを調整する。

Point コントロールを重視
1. フォア側から左右に1本ずつ打ち分ける練習。練習相手は1人でも2人でもよい。
2. ボールを打つときは、体の向きやラケットの角度を打つ方向に調整する。
3. コーナーを正確にねらえるように練習を積む。

本書のおすすめの読み方

❶ 自分やチームの状態を知りたいときや、弱点を克服したいときは、まずP.10を確認しよう！

❷ まんべんなく知りたい人は第1章から順に読もう！

❸ 基本ができているなら、やりたい練習だけにチャレンジ！

コーチからの熱血アドバイス
補足説明、取り組むときの注意点、マメ知識などを解説。

ココが重要！
とくに重要な技術ポイント、マスターするためのコツを解説。

VARIATION
段階別の練習とは別に、練習に関連した内容を紹介している。

目次

はじめに …… 2
本書の使い方 効果的（こうかてき）な練習方法を知ろう …… 4
練習を始める前に なりたい自分と弱点を知ろう …… 10
弱点を知って練習メニューを立てよう！ …… 12

第1章 基本技術と練習メニュー

基本技術

- **01** ラケットの種類と握（にぎ）り方（かた） …… 16
- **02** 基本の姿勢（しせい） …… 18
- **03** フォアハンド …… 20
- **04** バックハンド …… 22
- **05** ツッツキ（フォア） …… 24
- **06** ツッツキ（バック） …… 26
- **07** ドライブ（フォア） …… 28
- **08** ドライブ（バック） …… 30
- **09** ブロック（フォア） …… 32
- **10** ブロック（バック） …… 34

台上技術

- **11** フリック（フォア） …… 36
- **12** フリック（バック） …… 38
- **13** ながし（フォア） …… 40
- **14** ながし（バック） …… 42
- **15** ストップ（フォア） …… 44
- **16** ストップ（バック） …… 46
- **17** チキータ …… 48

かけ返し
　18 かけ返し・カウンター（フォア）……… 50
　19 かけ返し・カウンター（バック）……… 52

フットワーク
　20 身軽な動きを身につける ……… 54
　21 2歩動を身につける ……… 56

切り替え
　22 切り替え ……… 58

守備型
　23 カット（フォア）……… 60
　24 カット（バック）……… 62
　25 粒高ラバーのフォアハンド ……… 64
　26 粒高ラバーのバックハンド ……… 66

コラム　ラバーの種類とメンテナンス
　　　　多種多様なラバーを知る ……… 68

第2章 ゲームを想定した実戦・練習メニュー

実戦練習
　01 サービスからの3球目攻撃 ……… 70
　02 レシーブからの4球目攻撃 ……… 72

多球練習
　03 台への入り方と下がり方 ……… 74
　04 2バウンド目の判断 ……… 76

05　左右・前後の動き　…… 78
　06　ブロックからの攻撃　…… 80

ダブルス
　07　ダブルスの動き方　…… 82
　08　ダブルスで多球練習　…… 84
　09　レシーブからの展開　…… 86
　10　試合形式での練習　…… 88

コラム　日本一を目指して　全国大会への道のり　…… 90

第3章　試合に勝つための作戦

作戦
　01　サービスの重要性を知る　…… 92
　02　相手の構えでサービスを決める　…… 94
　03　対戦相手を想定した練習　…… 96
　04　メンタルの考え方　…… 98
　05　自主メニューの反復練習　…… 100
　06　対戦相手を分析する　…… 102
　07　複雑な関連性を理解する　…… 104

コラム　世界へ羽ばたけ　日本人も活躍する国際大会　…… 106

第4章　トレーニング

体づくり
　01　ステップトレーニング　…… 108

02 片山エクササイズ① …… 110
03 片山エクササイズ② …… 112
04 バランストレーニング …… 114
05 ランニング …… 116

勝つためのチーム環境づくり …… 118

1 自分のことを知る …… 118
① 月目標
② 報・連・相
③ メンタルトレーナーの活用

2 選手としての自覚、意識を高める …… 120
① 将来の目標設定
② 個人面談
③ 卓球ノートの活用

3 思いやりの心を育み人間力を高める …… 122
① チームメートを応援する
② ドリンクを運ぶ
③ 試合をビデオで撮影する
④ ボールひろいをする
⑤ 掃除・整理整頓

これだけは知っておきたい卓球の基礎知識 …… 124

監修・学校紹介 …… 126

勝てる！強くなる！

練習を始める前に
なりたい自分と弱点を知ろう

練習を始める前に「自分は何が得意で何が苦手なのか」「自分はどんな選手になりたいのか」を考えてみよう。それが明確になれば、どんな練習をすればよいのかわかるはずだ。下の項目を確認して、自分の傾向や課題を知ったら、P.12〜14を見て練習メニューを考えてみよう。

総合

1. どんな練習をどのくらいやればよいのかわからない。
2. 気づけば、毎日同じ練習だけをしている。
3. 強豪校がどんな練習をしているのか知りたい。
4. 練習の計画を立てたいけれど、何から決めてよいのかわからない。
5. 基本や応用がわからない。
6. 卓球を遊びでしかやったことがない。

➡ **1つ以上あてはまったらP.12の❶を見てみよう**

基本力アップ

1. フォアハンドとバックハンドがうまくなりたい。
2. フットワークを身につけたい。
3. レシーブがうまくできない。
4. ドライブを覚えたい。

➡ **2つ以上あてはまったらP.13の❷を見てみよう**

実戦力アップ

1. 得点力(とくてんりょく)をあげたい。
2. ダブルスに強くなりたい。
3. 余計(よけい)な失点を減(へ)らしたい。
4. サービス、レシーブからの展開(てんかい)を覚えたい。

➡ **2つ以上あてはまったらP.13の❸を見てみよう**

トレーニング

1. 足の動きを覚えたい。
2. 下半身と上半身の動きを覚えたい。
3. バランスをよくしたい。
4. 持久力(じきゅうりょく)をつけたい。

➡ **2つ以上あてはまったらP.14の❹を見てみよう**

---

1. サービスから優位(ゆうい)に試合を進めたい。
2. 試合で強いメンタルを発揮(はっき)したい。
3. 相手を分析(ぶんせき)して作戦を立てたい。
4. 試合展開(しあいてんかい)によって戦術(せんじゅつ)を変えられるようにしたい。

➡ **1つでもあてはまったらP.14の「作戦を立てよう」を見てみよう**

> 勝てる！強くなる！

弱点を知って練習メニューを立てよう！

P.10～11を見て、いくつあてはまっただろうか？ 自分やチームがどんなことを苦手としているか、少しわかったのではないだろうか。ここでは、それに応じてどんな練習をすればよいか、モデルケースを紹介するので参考にしてみよう。

1 強豪校の練習方法を参考にしよう

日々練習していると、毎日、同じような内容になってしまうことが多い。強豪校の選手たちは、どんな練習でレベルアップしているのだろうか。また、初心者は何から練習すればよいのだろうか。いろいろな練習方法を知ることは、いろいろな問題の解決につながるはずだ。P.10「総合」の項目を確認しよう。

 menu A 1～4があてはまったら…P.118「1自分のことを知る ①月目標」を参考にしながら、実際の練習計画を立ててみよう。

- 心・技・体のそれぞれで計画を立てる。
- ↓
- 課題は2～3個でよいが、回数や頻度まで細かく設定する。
- ↓
- 達成可能で具体的な計画にする。

 menu B 5～6があてはまったら…P.16から取り組んでみよう。

2 基本力アップの練習をしよう

卓球がうまくなるためには、何といっても基本技術を習得し、基本力を高めていかなければならない。覚えるべき基本的な技術はたくさんある。P.10「基本力アップ」の項目を確認して自分の特徴を理解したら、弱点を改善し、長所を伸ばしていこう。

menu A ▶ 1があてはまったら… P.20「フォアハンド」、
P.22「バックハンド」に取り組んでみよう。

menu B ▶ 2があてはまったら… P.54「身軽な動きを身につける」、
P.56「2歩動を身につける」に
取り組んでみよう。

menu C ▶ 3があてはまったら… P.24「ツッツキ(フォア)」、P.26「ツッツキ(バック)」、
P.36「フリック(フォア)」、P.38「フリック(バック)」、
P.40「ながし(フォア)」、P.42「ながし(バック)」、
P.44「ストップ(フォア)」、P.46「ストップ(バック)」、
P.48「チキータ」に取り組んでみよう。

menu D ▶ 4があてはまったら… P.28「ドライブ(フォア)」、P.30「ドライブ(バック)」、
P.50「かけ返し・カウンター(フォア)」、
P.52「かけ返し・カウンター(バック)」に
取り組んでみよう。

3 実戦力アップの練習をしよう

試合で勝てる選手になるために実戦力を高めていこう。卓球は一瞬の判断力や対応力が必要だが、サービス、レシーブから得意なパターンをたくさん持つことが大事だ。P.11「実戦力アップ」の項目を確認しよう。

menu A ▶ 1があてはまったら… P.96「対戦相手を想定した練習」に取り組んでみよう。

menu B ▶ 2があてはまったら… P.82～P.89「ダブルス」の練習メニューに
取り組んでみよう。

menu C ▶ 3があてはまったら… P.80「ブロックからの攻撃」に取り組んでみよう。

menu D ▶ 4があてはまったら… P.70「サービスからの3球目攻撃」、
P.72「レシーブからの4球目攻撃」に
取り組んでみよう。

4 トレーニングをしよう

卓球は必ず動いて打つ。しかも、一瞬の速い動作を連続して行う必要がある。そのためには、まず、基礎体力を高めていくことが大事だ。P.11「トレーニング」の項目を確認しよう。

- **menu A** ▶ 1があてはまったら… P.108「ステップトレーニング」に取り組んでみよう。
- **menu B** ▶ 2があてはまったら… P.110〜113「片山エクササイズ」に取り組んでみよう。
- **menu C** ▶ 3があてはまったら… P.114「バランストレーニング」に取り組んでみよう。
- **menu D** ▶ 4があてはまったら… P.116「ランニング」に取り組んでみよう。

作戦を立てよう

基本技術ができるようになってきても、試合に勝てるとは限らない。どのような状況で、どの技術を、どうやって使うのか、作戦を立てることが重要だ。また、相手がどんなプレーをしてくるかによって作戦は変えていかなければならない。P.11の囲みを確認して、自分ができることを軸にした作戦を考えよう。

- **menu A** ▶ 1があてはまったら… P.92「サービスの重要性を知る」、P.94「相手の構えでサービスを決める」に取り組んでみよう。
- **menu B** ▶ 2があてはまったら… P.98「メンタルの考え方」に取り組んでみよう。
- **menu C** ▶ 3があてはまったら… P.102「対戦相手を分析する」に取り組んでみよう。
- **menu D** ▶ 4があてはまったら… P.104「複雑な関連性を理解する」に取り組んでみよう。

第1章

基本技術と練習メニュー

01 基本技術

自分のプレースタイルに合ったラケットを選ぶ
ラケットの種類と握り方

卓球のラケットは大きく分けて、ペンホルダーとシェークハンドの2種類がある。それぞれの特徴を知り、自分のプレースタイルに合ったラケットを選ぼう。

1 中国式ペンホルダーラケット。裏面にラバーを貼り、両面で使用することもできる。

2 シェークハンドラケット。フォアハンド（➡P.20）では表面、バックハンド（➡P.22）では裏面を使用する。

　卓球のラケットには、ペンホルダーラケットとシェークハンドラケットがある。現在はシェークハンドを使う選手が90％以上となっている。その大きな理由が、フォアとバックの両ハンドでプレーがしやすいということ。特に小さい子どもが打つときに、ペンホルダーではバックのプレーが難しい。

　ラケットには、それぞれに特徴がある。ペンホルダーは台の上で打つ技術や、甘く入ったボールを強く打ち込むスマッシュが打ちやすいという長所がある。また、粒高ラバー（表面の粒が通常よりも長いラバー ➡P.68）を貼れば、守備型のスタイルで戦うのに合ったラケットになる。

　自分がどのようなプレーをしたいのか、よく考えてラケットを選んでみよう。

STEP 1 シェークハンドのグリップ

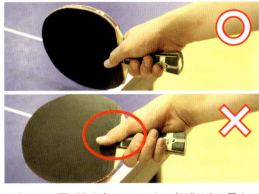

ラケットの面が上を向いていると、打球は上に飛んでしまう。親指が深く入らないように注意しよう。

Point ラケットは強く握らない

1. シェークハンドは、握手をするようにラケットを握る。小鳥をやさしくつつみ込むような気持ちで握るとよい。
2. ラケットの面が卓球台と垂直になるように握る。

STEP 2 両ハンドが使えるように握る

ラケットの角度に注意する。

Point 卓球台に対して垂直に

1. 両ハンドをうまく使うためには、卓球台に対して、ラケットの面を垂直にするのが理想的。
2. ラケットの向き（角度）が傾いてしまうと、打ちづらくなるので注意する。
3. フォアハンドとバックハンドの両方が打ちやすいように握る。

VARIATION ペンホルダーのグリップ

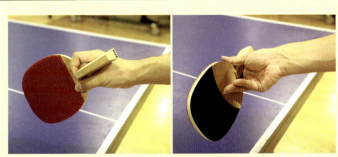

力が入るとラケットが自由に動かせなくなるので注意。

◀人差し指と親指をラケットの柄に引っ掛けるように持つ。裏面は中指、薬指、小指をそろえて軽く曲げて握る。シェークハンドと同様に軽く握るようにする。バックハンドで飛距離の短いボールを打つときは、親指をはずすとやりやすい。

第1章 基本技術と練習メニュー

02 基本技術

正しい姿勢を身につける
基本の姿勢

姿勢が悪いとうまく打つことができないばかりか、上達が遅くなる。はじめに、P.17のラケットの握り方と合わせて、正しい基本姿勢を身につけよう。

フリーハンドは
ひじを90度くらいに
曲げて正面に向ける

相手のボールがどこへきても
すぐに動いて打てるように、
基本の姿勢を身につける。

両足は
肩幅よりも
やや広め

卓球は、選手同士が近い距離でボールを打ち合うスポーツだ。すぐに相手から返球されるので、連続した動作で対応する必要がある。連続した動作をするためには、正しい姿勢を身につけること。まずは、どこへ返されてもうまく打ち返せる姿勢と動作を覚えることが大事である。

どこへ打たれてもすばやく対応するためには、両足を肩幅よりもやや広げ、ひざを軽く曲げるとよい。フリーハンド（ラケットを持っていないほうの手）は、ひじを90度くらいに曲げた状態で正面に向けて、上半身はリラックスさせる。よい姿勢をとるとお尻の位置も高くなる。

STEP 1　ニュートラルポジション

正面　横

Point 打ちやすいスタンスをキープ

1. スタンス（足の幅）は肩幅よりやや広めにとり、軽くひざを曲げる。
2. 上半身はリラックスして、ラケットを体の前で構えよう。

上半身をリラックスさせて、どこへでもすぐに動くことができる姿勢をとろう。

STEP 2　胸を伸縮させる

Point 上半身はリラックスさせる

1. どんなボールにもすばやく反応するために、上半身は常にリラックス。
2. ラケットをうしろに振るときは体をほんの少し丸めて、前へスイングするときは胸を張る。
3. スイングをしたら、すばやく基本姿勢に戻る。

バックスイングでは、胸の伸縮が重要。

STEP 3　股関節から曲げる

正面　ななめ

Point 骨盤の向きを意識

1. 左の写真のように、ひざと股関節を少し曲げる。
2. 骨盤（腰の骨）は、台に対して正面に向ける。
3. 両足の内側に体重をかけて、下半身を安定させる。

腰の回転をよくするために股関節を曲げることが大事。

03 基本技術

きき手側で打つ、卓球の基本の打ち方
フォアハンド

フォアハンドは基本中の基本。体全体を使ってスイングすることが大切だ。手や腕だけで打たないように、きちんとしたフォーム（スイング）を身につける。

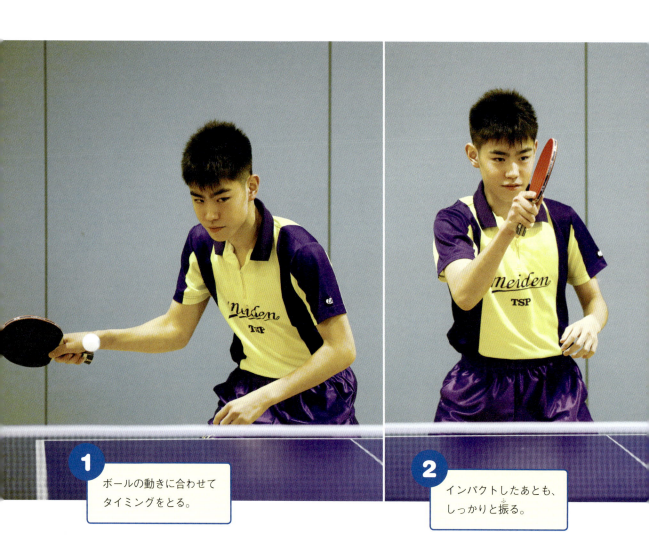

1 ボールの動きに合わせてタイミングをとる。

2 インパクトしたあとも、しっかりと振る。

　フォアハンドで打つときは、返球されたボールに対してタイミングを合わせて、適切なバックスイングをとること。このとき、股関節を意識しながら腰を回すようにしよう。ボールに向かってスイングし、体の右ななめ前あたりでインパクト。ラケットは前方向にスイングし、横に振らないように注意する。

　手や腕、上半身だけでスイングするのではなく、下半身も使って体全体でスイングができるようにしよう。

STEP 1 前陣で50本連続で打つ

人数	2人	回数	1セット
道具	ボール	時間	10分

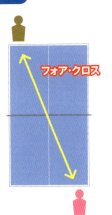

左足が少し前で打つ。

Point 足の位置を調整する

1. 前陣（台の近く）に立ち、フォアハンドでクロスに打つ（フォア・クロス）の練習。50本連続で打つ。
2. ボール1球で練習相手と打ち合う。
3. 50本続いたら、バック・クロスやストレートも同じように打てるようにする。

STEP 2 後陣で50本連続で打つ

人数	2人	回数	1セット
道具	ボール	時間	10分

後陣で打つときは、ボールを強めに打つことと、山なりに打つことが大事。

Point 前陣よりも大きなスイングで

1. 後陣（台から離れた位置）に立ち、フォア・クロスで打つ練習。50本連続で打つ。
2. ボールは1球で練習相手と打ち合う。
3. 下半身の力を使って、前陣のときよりも大きなスイングで、山なりに返すようにする。

STEP 3 左右に打ち分ける

人数	2人か3人	回数	1セット
道具	ボール	時間	10分

左右に打ち分けるときはラケットの面を変えて、打球の向きを調整する。

Point コントロールを重視

1. フォア側から左右に1本ずつ打ち分ける練習。練習相手は一人でも二人でもよい。
2. ボールを打つときは、体の向きやラケットの角度を打つ方向に調整する。
3. コーナーを正確にねらえるように練習を積む。

第1章 基本技術と練習メニュー

04 バックハンド

きき手の反対側で打つ、卓球の基本の打ち方
バックハンド

フォアハンド同様、バックハンドも基本中の基本だ。正しいスイングを覚えて、安定したボールを打てるようにしよう。

3 打ったあとの腕は、横方向へ自然に流す。

2 スイングは体の中心から前方向に振る。

1 ひじを少し前に出しながら、ボールに向かう。

バックハンドは自分のおへそに向かってバックスイングをとり、ボールのバウンドにタイミングを合わせて、ひじを支点にして前へスイングする。

現代の卓球では、フォアハンドと同じようにバックハンドが打てなければ試合に勝つことはできない。ブロック（➡P.34）のような、上からおさえつけるような打ち方だけでなく、最後まで振り切るスイングで、バックハンドが打てるように練習しよう。

STEP 1 　前陣で50本連続で打つ

人数	2人	回数	1セット
道具	ボール	時間	10分

体の中心で打つことが基本。

Point　クロスの次はストレート

1. バックハンドでクロスに打つ（バック・クロス）の練習。50本連続で打つ。
2. ボール1球で練習相手と打ち合う。
3. 50本続いたら、ストレートも同じように50本連続で打つ。

STEP 2 　後陣で50本連続で打つ

人数	2人	回数	1セット
道具	ボール	時間	10分

前陣よりは、若干、大きなスイングとなる。スイングしながら胸を開いていく。

Point　生きたボールを打つ

1. 後陣に立ち、バック・クロスで打つ練習。50本連続で打つ。
2. ボールは1球で練習相手と打ち合う。
3. 前陣よりも大きなスイングで、生きた（勢いのある）ボールを打つ。

STEP 3 　50本連続で左右に打ち分ける

人数	3人	回数	1セット
道具	ボール	時間	10分

2人を相手することで、コーナーに打つことがより意識できる。

Point　打つ方向に骨盤を向ける

1. バックハンドでの左右の打ち分けを、50本続ける練習。
2. 練習相手は二人で、1本ずつ交互に左右をねらう。
3. コーナーを正確にねらえるように練習を積んでいく。

第1章　基本技術と練習メニュー

05 基本技術

体と顔をボールに近づけて打球する
ツッツキ（フォア）

ツッツキは、ボールに下回転をかけて返球する技術だ。主に、相手が繰り出す回転のかかったサービスを返球するために使う。

3 打ったあとは、自然に腕を振り抜く。

2 体と顔をボールに寄せて、ラケットをボールの下にくぐらせる。

1 右足を大きく踏み出して、ボールに向かう。

ツッツキは相手のボールを比較的安全に返球する技術である。ツッツキが上手になれば、余計なミスを防げるだけでなく、チャンスをつくり出すことができる。上手に行うためには、足を細かく動かしてボールに近づく動作が必要。下半身を安定させて打球することを心がけよう。

ココが重要！
小さく鋭いスイング

ツッツキは主に台上で下回転で打つ技術。うまくツッツキをするコツは、体と顔をボールに近づけて、小さく鋭いスイングで打つこと。手打ちになると、パワーが伝わらないので注意。

STEP 1　クロスに50本連続で打つ

人数	2人	回数	1セット
道具	ボール	時間	10分

ボールに下回転をかける。

Point　弧をえがくようにバックスイング

1. フォア・クロスでツッツキを打つ練習。50本連続で打つ。
2. ボール1球で練習相手と打ち合う。
3. バックスイングでは、弧をえがくようにラケットを振りあげ、上からななめ下へスイングして下回転をかける。

STEP 2　ストレートに50本連続で打つ

人数	2人	回数	1セット
道具	ボール	時間	10分

ストレートコースをねらう。

Point　ひねりを加えて打つ

1. ツッツキをフォアハンドでストレートに打つ（フォア・ストレート）練習。50本連続で打つ。
2. ボール1球で練習相手と打ち合う。
3. 肩関節から上腕、前腕のひねりを加えて打つ。

STEP 3　左右に打ち分ける

人数	2人	回数	1セット
道具	ボール	時間	10分

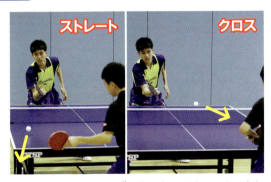
ストレート、クロスいずれも、なるべくコーナーをねらう。

Point　コースを自由に打ち分ける

1. ボール1球で、練習相手のストレートとクロスに1本ずつ打ち分ける。
2. 次にストレートへ2本打ったら、クロスへ2本打つ。これを繰り返す。
3. 最後は、ランダムに返球する。打つ方向に向かってスイングすることが大事。

第1章　基本技術と練習メニュー

06 基本技術

台の下に足をしっかり踏み込んで打球
ツッツキ（バック）

バック側にきた下回転のボールを安全に返球する技術。ボールの下側をこすり、下回転をかけて打ち返す。

1 右足を台の下にしっかりと踏み込んでボールに近づく。

2 ボールの下側を打ち、下回転をかけて返球する。

　卓球のサービスはバック側に出されることが多いため、必然的にバックのツッツキを使うことが多くなる。一見、簡単そうに見える技術だが、バックのツッツキができるかどうかは、試合の勝敗を左右するほど重要といえる。

　ツッツキは下回転や横回転のサービスに対応するための技術だが、大事なのは相手サービスの回転を自分の回転に変えること。インパクトが弱いと相手の回転に負けてしまう。

　返球を安定させるために、相手のサービスの回転を見極めて、小さく鋭くスイングするようにしよう。

STEP 1　クロスに50本連続で打つ

人数	2人	回数	1セット
道具	ボール	時間	10分

小さく鋭く振ってボールに回転をかける。

Point 高いボールにならないように

1. バック・クロスでツッツキを打つ練習。50本連続で打つ。
2. ボール1球で練習相手と打ち合う。
3. ネット上の白い部分より少し上のあたりをねらって打ち、ボールの高さが一定になるように注意する。

STEP 2　ストレートに50本連続で打つ

人数	2人	回数	1セット
道具	ボール	時間	10分

打つ方向に向かって上から下へラケットを振る。

Point 上から下へスイング

1. ツッツキをバックハンドでストレートに打つ（バック・ストレート）練習。
2. ボール1球で練習相手と打ち合う。
3. クロス方向よりも距離が短いので、打球が台からオーバーするオーバーミスに気をつけよう。

STEP 3　左右に打ち分ける

人数	2人	回数	1セット
道具	ボール	時間	10分

打つ方向によって体の向きやスイングを調整する。

Point 踏み込む足のつま先を打つ方向に向ける

1. クロスとストレートのコースに、50本連続でバックのツッツキを打ち分ける練習。
2. ボール1球で練習相手と打ち合う。
3. 踏み込む足のつま先を打つ方向に向け、なるべくコーナーをねらう。

07 基本技術

強い上回転をかける
ドライブ（フォア）

ドライブはボールに強い上回転をかける技術だ。打球を相手コートに正確に入れるために、ドライブをしっかり覚えよう。

1 体をひねって、バックスイングをし、力をためる。

2 右足にのせた体重を左に移しながら、ボールをこすってスイングする。

　ドライブはボールに強い上回転をかける技術だ。ボールに上回転をかけるためには、ラケット（ラバー）でボールをこする必要がある。強い回転をかけるには体全体、特に下半身の力を使うことが大事だ。

　打つときは、股関節と腰の回転を使ってバックスイングをとり、右足に体重をのせる。タイミングを合わせて体重を左側に移しながらインパクト。このときにラケットの角度をややかぶせ気味にして、ボールのななめ上をこすって回転をかけていく。ボールを「はじく」のではなく、「こする」という感覚で打つようにしよう。

STEP 1　股関節エクササイズ

人数	2人	回数	1セット
道具	ボール	時間	5分

ひざを着くことで下半身の動きをおさえ、股関節まわりの動きを鍛える。

Point 背骨を中心にしてひねる

1. 両ひざをついた状態でボールを打つ練習。
2. 球出し役は、ワンバウンドのボールを腰あたりの高さへ投げる。
3. 打つときは、股関節からひねりはじめて、腰、上半身のひねりへとつなげる。

STEP 2　多球練習で連続して打球

人数	2人	回数	60球×2セット
道具	ボール、防球ネット	時間	7分

球出し役の能力によって、練習の効果が決まる。

Point 下回転のボールを上回転に

1. ボールをたくさん使う多球練習で、ドライブを習得する。
2. 多球練習は球出し役が大事。ドライブを習得するまで、一定した下回転のボールを送ってもらい、繰り返し練習する。

STEP 3　後陣から前陣に移動する練習

人数	2人	回数	1セット
道具	ボール	時間	10分

前後の動きを覚えよう。

Point 前後の動きをすばやく

1. 練習相手とボール1球で行う。練習相手は、深いボールと浅いボールを交互に出す。
2. 深いボールは後陣でドライブを打つ。
3. すばやいステップで後陣から前陣へ移動し、練習相手が打ち返した浅いボールにタイミングを合わせて打球する。

第1章　基本技術と練習メニュー

08 基本技術

体の中心から上回転のボールを繰り出す
ドライブ（バック）

バックハンドに上回転を加えるのがバックドライブだ。安全に打ち返すために使えるのはもちろんのこと、攻撃にも有効な技術である。

1 ひざ、股関節を曲げてバックスイング。

2 ひじを軸にして打球する。

3 ボールをこすって回転をかける。

　バックドライブを打つためには、フォアドライブ同様、はじくのではなく、こする感覚が必要。そのためには、普通のバックハンドよりも腕をやや下げて、ななめ上方向にスイングする。このときに、腰のひねりと股関節の屈伸を意識することが大切。

　ボールの側面よりやや上を打って、ボールをこするように前方にスイングしていく。ひじを体の前に出した状態で、ひじを支点にして腕を振り、打つときに手首を親指側の方向に曲げることで、より強いボールを出すことができる。

STEP 1　わき腹をねじる

人数	2人	回数	1セット
道具	–	時間	3分

わき腹をねじることで、打球に力を伝えやすくする。

Point　肩の位置を動かさない

1. 両手を組んで写真のようにすわり、補助役は左右の肩の位置がずれないように固定する。
2. 股関節から両足を横に倒していく。
3. わき腹をねじる。
4. 左右の両方向で行う。

STEP 2　多球練習で下回転をドライブ

人数	2人	回数	60球×2セット
道具	ボール、防球ネット	時間	7分

繰り返し練習して、しっかりとしたフォームを身につける。

Point　手首を上方向に強く使う

1. 多球練習で、ボールをこすって回転をかける感覚をつかむ。
2. 球出し役は、下回転のボールをバック側へ送る。
3. 手首を上方向に強く曲げて使い、腰のひねりと股関節の屈伸を意識して打つ。

STEP 3　多球練習でカーブドライブ

人数	2人	回数	40球×2セット
道具	ボール、防球ネット	時間	5分

なるべく同じフォームで打てるようにする。

Point　ボールの外側を振り抜く

1. 多球練習で、ボールを曲げるカーブドライブを数多く打つ。
2. 球出し役は、上回転のボールをバック側へ送る。
3. インパクトのときに、ボールの外側を振り抜く。

第1章　基本技術と練習メニュー

09 基本技術

強く打たれたボールをとめる
ブロック（フォア）

ブロックは、相手に強打されたボールをとめる守備的な技術だ。ブロックがうまくできると失点が少なくなるので、攻撃と同じくらい大事にしたい。

1 ボールだけでなく、練習相手も見るようにする。

2 ボールのバウンドの頂点で打つ。

3 打球後の振りもしっかりとる。

卓球は、攻撃力が重視されるが、相手に攻撃されたときに、いかに守れるかということも大切である。ブロックを身につけて、相手の攻撃をしっかり防げるようにしよう。

ブロックとは、ボールを強く打ち返さず、相手の強打を確実に返球することだ。相手に簡単に得点をあたえては、試合に勝つことが難しくなる。相手の攻撃をしっかり守り、逆に相手を振り回すことができれば、試合を優位に進められる。また、ブロックに自信があれば、あわてずにプレーすることができる。固いブロックを身につけて、"負けづらい選手"になろう。

STEP 1 ドライブボールを20本連続でブロック

人数	2人	回数	1セット
道具	ボール	時間	8分

体の近くで打球する。ボールを引きつけて、自らの力も加える。

Point ラケットの角度を調整

1. 練習相手に、フォア・クロスのコースにドライブボールを打ってもらう。
2. 練習相手のドライブをフォアハンドでブロックする（フォアブロック）。
3. ドライブの回転量やスピードを見極めて、ラケットの角度を調整しながら20本連続で打つ。

STEP 2 スマッシュを20本連続でブロック

人数	2人	回数	1セット
道具	ボール	時間	5分

相手が打ったボールの勢いを利用する。

Point タイミングを合わせる

1. 練習相手に、フォア・クロスのコースにスマッシュを打ってもらう。
2. スマッシュにタイミングを合わせて、ラケットの位置を調整しながら、フォアブロックで返す。
3. 20本連続でブロックできるように練習する。

STEP 3 シュート回転でブロック

人数	2人	回数	1セット
道具	ボール	時間	5分

スイングを小さくすることがブロックのコツ。右ききの場合はボールの左より、左ききではその逆を打つ。

Point ボールの左よりを打つ

1. 練習相手のドライブを、シュート回転でブロックする練習。
2. 練習相手に、フォア・クロスのコースにドライブボールを打ってもらう。
3. ラケットを体の外側から内側へ少しだけ動かし、ボールの左よりを打ってシュート回転をかけて、ストレートへ打つ。

第1章 基本技術と練習メニュー

10 ブロック

相手の威力を利用する
ブロック（バック）

バックのブロックは、体の正面で打球するのでフォアよりも打ちやすい。ブロックがうまくできれば、守りから攻撃へと転じることができる。

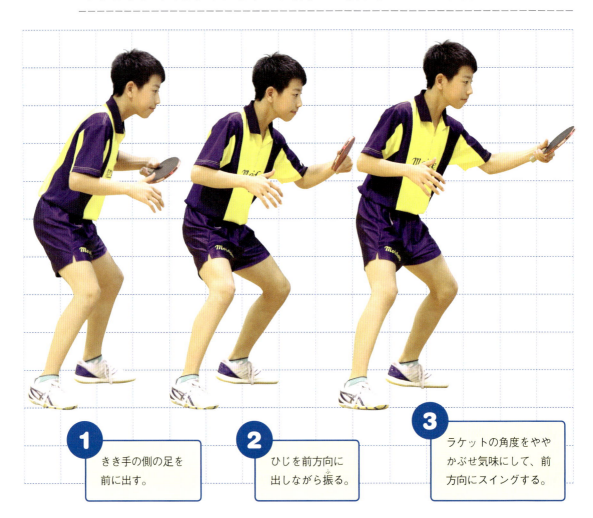

1 きき手の側の足を前に出す。

2 ひじを前方向に出しながら振る。

3 ラケットの角度をややかぶせ気味にして、前方向にスイングする。

守りの技術であるブロックは、フォアよりもバックのほうが比較的打ちやすい。なぜなら、バックの場合、相手のボールを体の正面で処理するため、相手の球質を見極めやすく、ラケットの角度の調整がフォアよりもやりやすいからだ。バックのブロックが強くなると、攻撃力を高めるのと同じ効果がある。

ココが重要！

体のななめ前にひじを置く

バックのブロックをうまく打つためには、ひじの位置が重要だ。体のななめ前にひじを置き、自分のふところに余裕をもたせることができれば、体の正面に飛んできたボールにも柔軟に対応できる。

STEP 1 ドライブボールを20本連続でブロック

人数	2人	回数	1セット
道具	ボール	時間	8分

スイングを大きくすると安定しない。

Point スイングは小さく

1. 練習相手に、バック・クロスのコースにドライブボールを打ってもらう。
2. 練習相手のドライブをバックハンドでブロックする（バックブロック）。
3. 20本連続でブロックする。ドライブの回転量やスピードを見極めて、小さいスイングで確実にブロックする。

STEP 2 スマッシュを20本連続でブロック

人数	2人	回数	1セット
道具	ボール	時間	5分

ボールに合わせて細かく動くことが大事。

Point 体の正面でとらえる

1. 練習相手に、バック・クロスのコースにスマッシュを打ってもらう。
2. 練習相手のスマッシュをバックブロックで返す。
3. 体の正面で打てるように細かく動いて、20本連続でブロックする。

STEP 3 シュート回転でブロック

人数	2人	回数	1セット
道具	ボール	時間	5分

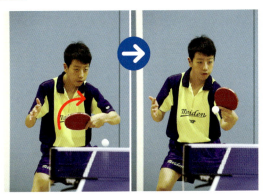

手首をねじるように使い、ラケットを立てる。

Point ラケットの先端を立てる

1. 練習相手のドライブをシュート回転でブロックする練習。
2. 練習相手に、バック・クロスのコースにドライブボールを打ってもらう。
3. ラケットの先を上に向けて、ボールの左よりを打つとシュート回転が打てる（左ききの場合）。

第1章 基本技術と練習メニュー

11 台上技術

台上で先手をとる
フリック（フォア）

フリックは台上のボールに対して先手をとる技術。ネットに近いところで打球するため、フォアハンドよりも少し小さくスイングする。

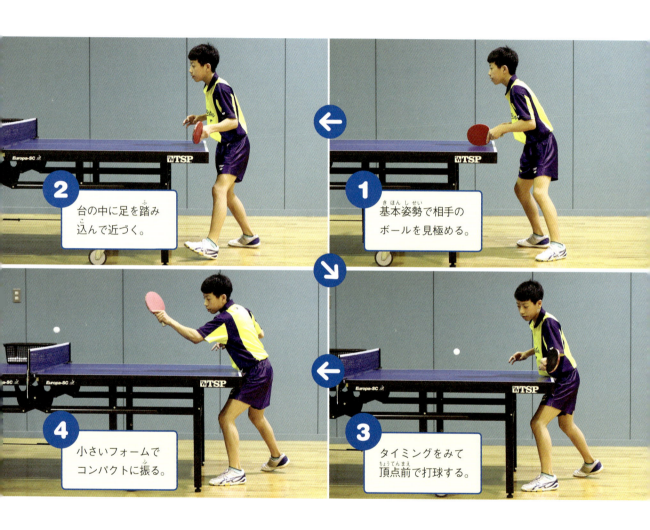

1. 基本姿勢で相手のボールを見極める。
2. 台の中に足を踏み込んで近づく。
3. タイミングをみて頂点前で打球する。
4. 小さいフォームでコンパクトに振る。

　フリックは台上のボールを打つ技術で、主にレシーブのときと、相手にストップ（➡P.44〜47）を打たれたときに使う。下回転系や横回転系のサービスを前進回転に変えるのだが、ネットの近くで打球するため、放物線をえがくように山なりのボールを打つことが基本だ。

　相手のボールが高ければ強く打つこともできるが、ラケットを大きく振ると凡ミスがでるため、小さくコンパクトなスイングを心がけよう。

　フリックで先手をとることができればチャンスがつくれるが、そのあとにどのような攻撃を仕掛けるのかを考えて使うことが大事である。

STEP 1　障害物を置いて練習

人数	2人	回数	1セット
道具	ボール、障害物	時間	7分

高いものを越すことを意識して打つ。

Point　放物線をえがくように

1. ネット際に、写真のような障害物を置いて、多球練習を行う。
2. 球出し役は、下回転のボールをフォア側に短く出す。
3. 練習者は障害物を越えるように、フリックで山なりのボールを打ち返す。

STEP 2　タオルを置いて台の深いところをねらう

人数	2人	回数	1セット
道具	ボール、タオル	時間	7分

台の深いところをねらうのは難しいので、しっかりと意識して打つ。

Point　ねらったところに打つ

1. 台の深いところにタオルを置く。多球練習でボールをタオルに当てる。
2. 球出し役は、下回転のボールをフォア側に短く出す。
3. 台の真ん中あたりでバウンドするボールは相手が打ちやすい。常に深いところをねらうことを意識して、フリックを打つ。

STEP 3　ランダムにくるボールを全面でフリック

人数	2人	回数	60球×2セット
道具	ボール	時間	7分

足の位置を細かく調整して、ボールに近づく。

Point　ボールにすばやく反応

1. 多球練習で、球出し役がいろいろなところにボールを出す。
2. 球出し役は、練習者の動きを見ながら下回転のボールをランダムに出す。
3. 連続で60球出してもらい、すべてフリックで打ち返す。

12 台上技術

台上に強くなる
フリック（バック）

シェークハンドの場合は、フォアよりもバックのフリックのほうが打ちやすい。ミドル（台の中央にくるボール）の処理もバックでできるようにしていこう。

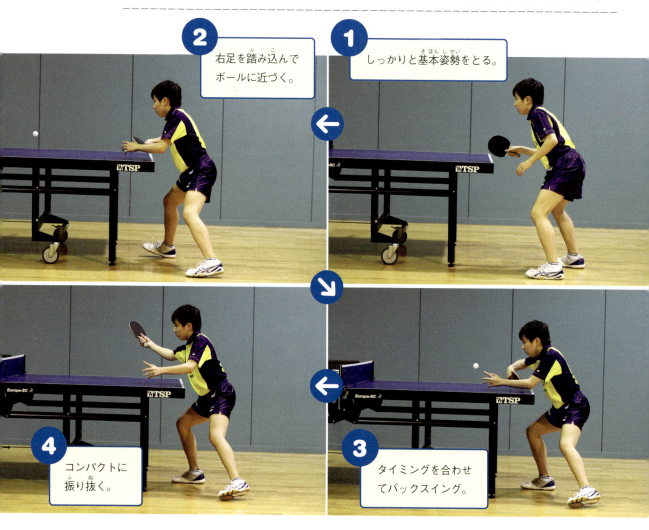

1. しっかりと基本姿勢をとる。
2. 右足を踏み込んでボールに近づく。
3. タイミングを合わせてバックスイング。
4. コンパクトに振り抜く。

台上のボールを処理するフリック。特にシェークハンドの選手は、バックのフリックは強力な武器になるので習得しておきたい。バックのフリックは、先手をとるだけでなく、レベルが上がれば至近距離から強打することで得点につなげられる技術である。

 コーチからの熱血アドバイス

相手のサービスやストップが甘いときは、すかさずフリックで強打していく意識を持とう。相手との距離が近いだけに決定打となりうる。ただし、大振りするとミスが出るので、コンパクトに鋭く振り抜くことが重要。

STEP 1 障害物を置いて練習

人数	2人	回数	1セット
道具	ボール、障害物、防球ネット	時間	7分

ボールの放物線をイメージし、前腕をねじって打つ。

Point 放物線をえがく

1. ネット際に写真のような障害物を置いて、多球練習を行う。
2. 球出し役は、下回転のボールをバック側へ短く出す。
3. インパクトの強さを調整して、障害物に当たらないようにフリックで返球する。

STEP 2 フォア側のボールをバックでフリック

人数	2人	回数	1セット
道具	ボール、防球ネット	時間	7分

フリックができないときは、違う方法で返球する。

Point 動きを大きくしない

1. 球出し役は、練習者のフォア側に短く下回転のボールを出す。
2. 練習者は、ボールのきたほうへ踏み込み、バックハンドでフリックする。
3. 動きを大きくせず、手首をうまく使って打とう。

STEP 3 バックサイドとミドルの処理

人数	2人	回数	1セット
道具	ボール、防球ネット	時間	7分

自然に足が出るようになるまで練習を積む。

Point 踏み込む足がポイント

1. 球出し役は、練習者のバックサイドとミドルへ交互に、下回転のボールを短く出す。
2. 練習者は、バックサイドのボールは左足を踏み込んで打ち、ミドルのボールは右足を踏み込んで打つ。
3. 踏み込むときの注意点は、打球時にうしろにある足を蹴って、前に入ること。

第1章 基本技術と練習メニュー

13 台上技術

シュート回転系のやわらかいボール
ながし（フォア）

相手のコーナーにながすように打ってチャンスをつくる技術。ツッツキやフリックと併用すると効果が高くなる。

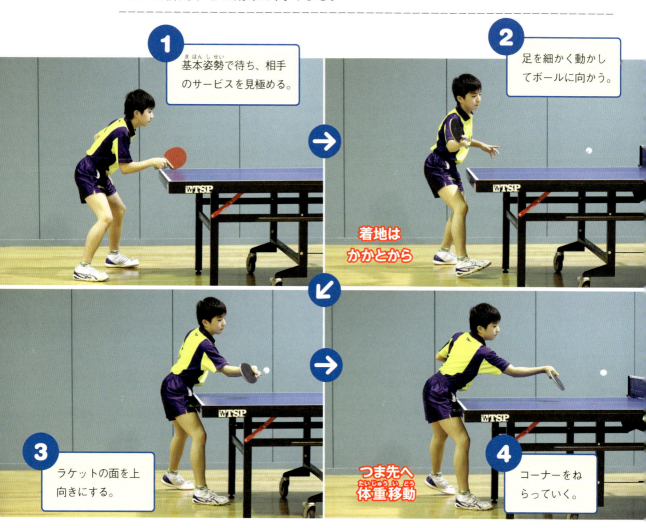

1. 基本姿勢で待ち、相手のサービスを見極める。
2. 足を細かく動かしてボールに向かう。　着地はかかとから
3. ラケットの面を上向きにする。
4. つま先へ体重移動　コーナーをねらっていく。

　ながしは主にレシーブで使う技術だ。強く打てるフリックとは違い、やわらかいボールを返すのが特徴。シュート回転をかけて、相手のバックサイドのコーナーをきる絶妙なボールが出せれば効果は絶大だ。

　相手のサービスが上回転、横回転、下回転のどれでくるかによって、ながしの打法は変わる。違いをよく理解して、それぞれの練習に取り組むことが大切だ。

　また、ツッツキやフリックとの併用や、ツッツキやフリックと見せかけて、打球の直前にラケットの角度を変えてながしを打つと効果的。

STEP 1　横回転のボールに対するながし

人数	2人	回数	1セット
道具	ボール、防球ネット	時間	7分

台のコーナーをねらう。

Point ラケットの先端を上に振る

1. 多球練習で、球出し役は横回転のボールをミドルに出す。
2. フリックに近い打ち方で、ボールの側面をインパクトする。そのとき、手首を使ってラケットの先端を上の方に振る。
3. スイングは横前方向になる。

STEP 2　下回転のボールに対するながし

人数	2人	回数	1セット
道具	ボール、防球ネット	時間	7分

ボールの下横あたりをこする。

Point ラケットの先端を下に振る

1. 多球練習で、球出し役は下回転のボールをバック側へ出す。
2. ラケットの面をななめ上に向けて、ボールの下横あたりを打ち、手首を使ってラケットの先端が下にくるように振る。
3. わきをしめて、ひじを体に寄せるように動かす。

STEP 3　多球練習でランダムに動かす

人数	2人	回数	1セット
道具	ボール、防球ネット	時間	7分

まず相手ボールの高さを見て判断する。

Point 足を細かく動かす

1. 多球練習で、球出し役はいろいろなところに下回転のボールを出す。
2. ボールの高さを見て、低ければラケットの面を少し上に向けた角度に、高ければラケットの面を立てた角度にする。
3. うまく打つために足を細かく動かして、ボールに近づく。

14 台上技術

フォアサイドをねらう
ながし（バック）

バックのながしは主に相手のフォア側をつくのだが、状況によってはミドルやバック側もねらえるようにしよう。

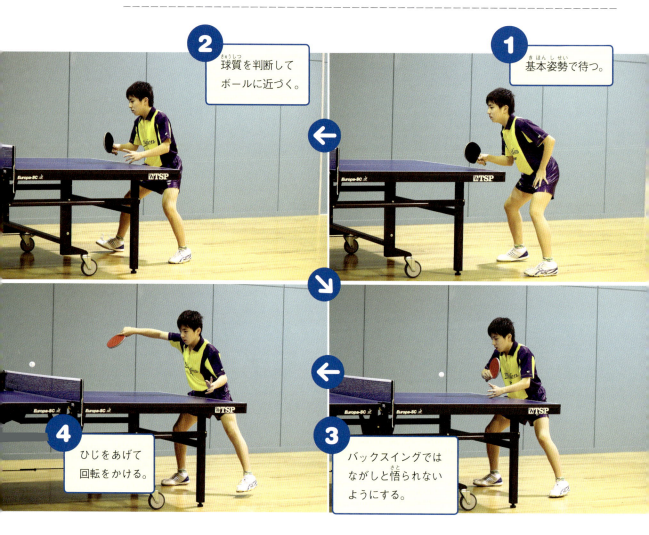

1. 基本姿勢で待つ。
2. 球質を判断してボールに近づく。
3. バックスイングではながしと悟られないようにする。
4. ひじをあげて回転をかける。

相手からくるボールの高さや、上回転か下回転かを判断して打法を変えるのは、フォアのながしと同じ。打球する瞬間まで、ながしとわからないようにしたい。右きき対右ききの試合では、相手のフォア側のコーナーから台の外側へ逃げていくようにシュート回転をかけていこう。

ながしなど台上で使う技術は難しいが、手首をやわらかく使うことが上達のポイントだ。いろいろな回転や高低差に対応するためには、手首の調整がとても重要になる。

STEP 1　上回転のボールに対するながし

人数	2人	回数	1セット
道具	ボール、防球ネット	時間	7分

右足を台の下に入れる。

Point ボールの後ろから横をとらえる

1. 多球練習で、球出し役は下回転のボールを練習者のフォア側に出す。
2. 練習者は、フォア側へすばやく移動して、バックのながしを打つ。
3. 相手コートにバウンド後、サイドラインを越えるようにする。

STEP 2　下回転のボールに対するながし

人数	2人	回数	1セット
道具	ボール、防球ネット	時間	7分

ひじをあげて、ボールをすくいあげるイメージ。

Point 打球時にひじをあげる

1. 多球練習で、球出し役は下回転のボールをミドルに出す。
2. 練習者は、ボールのななめ下をとらえてシュート回転をかけ、練習相手のフォア側をねらってながしを打つ。
3. 打球時にひじをあげるとうまくできる。

STEP 3　ランダムに出されたサービスをながしレシーブ

人数	2人	回数	1セット
道具	ボール、防球ネット	時間	7分

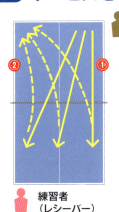

球出し役はランダムにボールを出す。

Point ボール正面へ移動

1. 多球練習で、球出し役はランダムに横回転と下回転のサービスを出す（①）。
2. 練習者は、サービスのコースと球質をすぐに見極め、バックのながしを打つ（②）。
3. ボールの正面にすばやく移動することがポイントだ。

第1章　基本技術と練習メニュー

43

15 台上技術

ネット際に小さく止める
ストップ（フォア）

ストップはネット際に小さく止めて打つ技術。うまく打てばチャンスをつくれるが、ボールが高くなってしまうとチャンスをあたえてしまうので注意。

正面 **1** バウンドの直後をねらう。

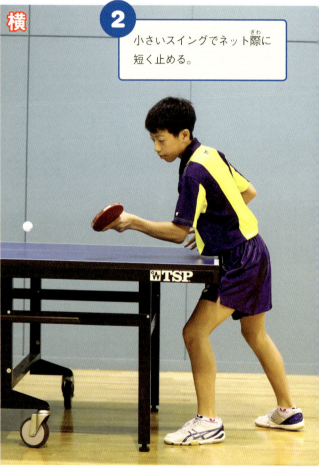

横 **2** 小さいスイングでネット際に短く止める。

ストップはネット際に小さく止める技術だ。意表をついて小さく止めることで、相手の体勢をくずしてチャンスをつくるのだが、返球が高く上がると逆にピンチを招いてしまう。また、返球が高くあがらないように打とうとしすぎて、ネットにボールを引っかけるミスをする恐れもある。

ストップは一見、簡単そうにも見えるが、絶妙なボールタッチの技術が求められる。返球が高くあがってしまったり、長くなってしまったりしないように繰り返し練習を積んで、ストップを習得しよう。

STEP 1　前進回転のボールをストップ

人数	2人	回数	1セット
道具	ボール	時間	7分

実際の試合では使わないが、ストップを覚えるための練習だ。

Point　上から下にすばやく振る

1. 多球練習で、球出し役は前進回転のボールをフォア側へ短く出す。
2. ラケットを立ててストップで返す。
3. ストップで打ったボールは高くなってもよいので、ネット際に小さく落ちるようにする。

STEP 2　下回転のボールをストップ

人数	2人	回数	1セット
道具	ボール	時間	7分

ネットミスに気をつけよう。

Point　バウンドした直後を打球

1. 多球練習で、球出し役は下回転のボールをフォア側へ短く出す。
2. ラケットの面を上向きにして、ボールのバウンド直後をとらえ、ネット際に小さく止めるように打つ。
3. 台の下に足を入れるときは、かかとから着地して、つま先に体重を移動する。

STEP 3　ストップ対ストップ

人数	2人	回数	1セット
道具	ボール	時間	5分

足を踏み込んだままで行うと、練習効果が半減してしまうので注意。

Point　1球で連続して行う

1. 練習相手と1球でストップを打ち合う。
2. 台の下に足を踏み込んで、ボールに近づく動作と、打球後に足を引いて戻る動作を連続して行うこと。1球1球戻ることが大事。

第1章　基本技術と練習メニュー

16 ストップ

ストップでチャンスをつくる
ストップ（バック）

バックのストップは、打球する直前までフリックなのか、ツッツキなのか、ながしなのかが相手にわからないフォームで打つことができるようにしよう。

横

① 足を台の下に踏み込んで、バウンド直後をねらう。

ななめ

② 小さいスイングでネット際に短く止める。

バックのストップは、相手のフォアサイドの前に短く出せればチャンスをつくり出せる。深いツッツキやフリックなど、大きなボールに相手の意識を向かわせてから使うと効果的だ。どんなサービスかわかりづらくても、バウンド後、早めに打てば比較的安全にストップが打てる。

👆 ココが重要！
どの打ち方かわからないように！

フォアとくらべてバックは、同じモーションでフリック、ツッツキ、ストップが打ちやすい。だからこそ、どの打法も打球する直前までは相手にわからせないようにしたい。この意識が低いと、打球前に相手にどのように打つのか読まれてしまう。

STEP 1　ボールをカゴに入れる

人数	2人	回数	1セット
道具	ボール、カゴ	時間	5分

強い下回転をかける練習になる。

Point　ボールを切ることを意識する

1. 多球練習で、球出し役は前進回転のサービスを出す。
2. 練習者は、強い下回転をかけて、ボールが戻ってカゴに入るように、打つ強さや角度を調整する。
3. 強い下回転をかけるには、図のようにラケットを動かすのがコツ。

STEP 2　横回転に対するストップ

人数	2人	回数	1セット
道具	ボール	時間	5分

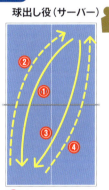

相手のサービスをよく見ることが大切。同じ回転になるように返す。

Point　ラケットはサービスと同じ向き

1. 練習相手に横回転のサービスを出してもらう。
2. 相手のボールの回転と同じ回転でストップを打つ。
3. 右横回転か左横回転か、練習相手のサービスをよく見て、瞬間的にラケットの向きを調節することが大事。

STEP 3　ストップ対ストップ

人数	2人	回数	1セット
道具	ボール	時間	5分

ミスなく連続で行えるようにしよう。

Point　戻りを意識する

1. 練習相手とストップを打ち合う。
2. 連続して行うには、打球したあとにすばやく基本姿勢に戻ることが大事。
3. 打つタイミングが遅れると、ボールが長く飛んだり、高くなったりして、相手のチャンスボールになってしまうので注意。

第1章　基本技術と練習メニュー

17 台上技術

レシーブからの攻撃力を強化
チキータ

現代の卓球でレシーブの打法として主流となったチキータ。チキータは強い横回転をかけて返球する技術で、レシーブから攻撃がしかけられる。

ひじを高くあげ、手首を自分の体の方向に折り曲げる。

チキータは、ボールの側面を強くこすって横回転をかけるバックハンドのことだ。

チキータをするにはまず、バックスイングが重要。ひじを高くあげて手首を最大限に折り曲げ、ラケットを自分の体に引き寄せる。スイングは、半円をえがくようにしてボールの側面をとらえる。

インパクトのときに手首の力を最大限に使う。一瞬で手首を返していくことで、相手の変化のあるサービスさえも攻略する、現代の卓球の必殺技だ。ただし、手首に大きな負担がかかるので、使いすぎて故障を抱えないよう注意しよう。

STEP 1 箱などを置いてボールにカーブをかける練習

人数	2人	回数	1セット
道具	ボール、障害物	時間	7分

カーブさせるイメージを持つ。

Point ボールの側面をこする

1. ネット際に写真のような箱を置く。
2. 多球練習で、球出し役は上回転のボールをバック側へ出す。
3. 練習者は、チキータでボールの側面をこすり、カーブをかけたボールを返す。

STEP 2 スピードを出す練習

人数	2人	回数	1セット
道具	ボール	時間	5分

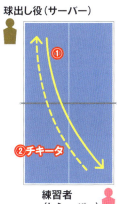

強くスピードのあるチキータを打てるようにする。

Point フォア・クロスの長い距離で行う

1. 多球練習で、球出し役はフォア側にサービスを出す（①）。
2. ボールに合わせてすばやくフォア側へ動いて、チキータの体勢をとる。
3. クロス方向にスピードのあるボールを打ち返す（②）。

STEP 3 下回転チキータの練習

人数	2人	回数	1セット
道具	ボール	時間	5分

打球するボールの位置に注意する。

Point ボールの横下をこする

1. 多球練習で、球出し役は下回転のサービスを出す。
2. 下回転に負けないように、手首の力でボールの横下をこすりあげる。
3. 前方に向かって手首をスイングするとやりやすい。

第1章 基本技術と練習メニュー

18 かけ返し

攻撃に対して攻撃で対抗する
かけ返し・カウンター（フォア）

相手のドライブボールに対して、ドライブをかけ返す。つまり、先に攻められたボールに対し、ブロックで守るのではなく攻撃で逆襲していく打ち方だ。

1 相手の打球にタイミングを合わせて、バックスイングをする。

2 ひざ、股関節、腰を使い、低い姿勢をキープする。

3 鋭いスイングで振り切って、ドライブで返す。

➡ドライブの打ち方はP.28〜31をチェック

　かけ返しやカウンターは、相手の攻撃的なボールに対し、ドライブで反撃する打ち方だ。強いボールをかけ返していくので、高い集中力をもってタイミングを早めて打たないとうまくいかない。

　中陣（前陣よりも台から離れた位置）でかけ返すときは、ドライブ対ドライブのラリー戦になる場合が多いので、コースどりが大切だ。

　前陣でカウンターをねらう場合は、相手ボールの威力を利用し、打球のタイミングを通常よりも早くして、スピードのあるボールを打つ。ただし、そのボールが返球された場合、さらにカウンターとなって返ってくることになるので、すばやく戻って次の打球に備えよう。

STEP 1 ドライブボールをかけ返す多球練習

人数	2人	回数	60球×2セット
道具	ボール、防球ネット	時間	7分

打ったときのボールの感覚を覚える。

Point ひざを曲げて姿勢を低く

1. ドライブボールに対し、ドライブをかけ返す練習。多球練習で、球出し役はドライブボールを出す。
2. 練習者は、ボールの威力に負けないように、ひざをしっかりと曲げて姿勢を低くし、ドライブを打つ。

STEP 2 中陣でカットとドライブの繰り返し

人数	2人	回数	1セット
道具	ボール	時間	5分

カットの技術練習にもなる。

Point 足を使ってタイミングをとる

1. 練習相手が前進回転のサービスを出し、練習者はカット（→P.60〜63）で返球する。
2. 1のあと、練習相手はドライブを、練習者はカットを打って、ラリーを続ける。
3. 練習相手は、意図的に1球ごとに速さや方向を変えてドライブを打つ。練習者は、足を細かく動かして、ボールに近づく。

STEP 3 3球目のドライブをかけ返す

人数	2人	回数	1セット
道具	ボール	時間	7分

より高い集中力で行なわなければうまく反応できない。

Point ボールに対して位置を調節

1. 練習相手は、下回転のサービスを出し、練習者はツッツキでレシーブする。
2. 練習相手は3球目をドライブで攻撃する。
3. 練習者は台に近い位置から、ドライブをかけ返す。

第1章 基本技術と練習メニュー

19 かけ返し

バックのかけ返しで優位にたつ
かけ返し・カウンター（バック）

自分の体に向かってくるボールに対して行うバックでのかけ返し。タイミングさえうまく合わせられれば、フォアよりもかんたんにできる。

1 ひざをしっかり曲げて、下半身を安定させる。

2 手首を体の内側に曲げる。

3 ひじを支点にして振り抜く。

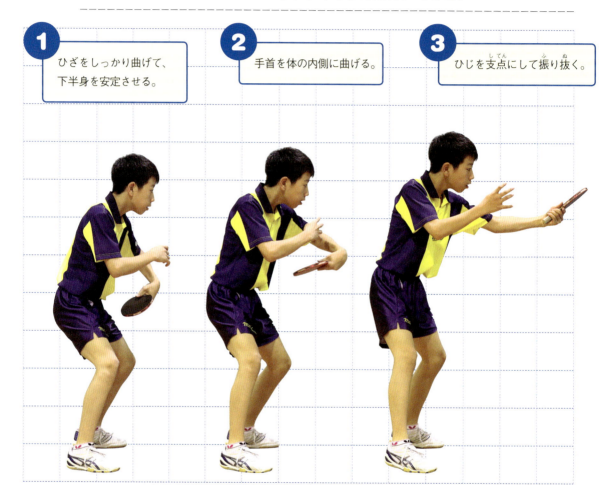

　バックハンドでのかけ返しやカウンターは、なるべく体の正面で打てるように、足を細かく動かして位置を調整することが大切だ。体の芯から外れたまま強打すると、ミスをする可能性が高くなり、反撃にあうリスクが大きい。タイミングが合わなければ、ブロックに切り替えよう。

ココが重要！
相手の攻撃によって対応を変える

　相手にくずされてチャンスボールをあたえてしまった場合は、不利な状況なのでかけ返しは難しい。相手の攻撃によって対応を考える必要がある。相手の攻撃を誘って、ある程度、返球するコースや球質を予測できるときに、かけ返しをしよう。

STEP 1　ループドライブとスピードドライブを混ぜる

人数	2人	回数	1セット
道具	ボール	時間	10分

相手のボールによって、スイングを変える練習だ。

Point　球質によって打ち方を変える

1. バック・クロスの位置に立つ。練習相手は回転量の多いループドライブと球速の速いスピードドライブをランダムに打つ。
2. ループドライブはボールを上からおさえるように打つ。スピードドライブは相手のスピードを利用するため、バックスイングとスイングを小さくして打つ。

STEP 2　後陣からのかけ返し

人数	2人	回数	1セット
道具	ボール	時間	7分

台から離れているため、体全体の力が必要。

Point　下半身から上半身へ力を伝える

1. 練習者は台から離れ、後陣の位置に立つ。
2. 練習相手は、バック側へドライブを打つ。
3. ひざ、股関節を使って、下半身から上半身へ力を伝えるようにして打つ。

STEP 3　4球目のストレート攻撃

人数	2人	回数	1セット
道具	ボール	時間	10分

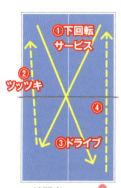

ストレート攻撃はうまく決まれば効果が高い。

Point　試合を意識したストレート攻撃

1. 練習相手は下回転サービスを短く出し（①）、練習者はツッツキでフォアへレシーブする（②）。
2. 練習相手は、バック側へドライブを打つ（③）。
3. 練習者は、4球目でカウンターバックをストレートへ打つ（④）。

第1章　基本技術と練習メニュー

20 フットワーク

フットワーク①
身軽な動きを身につける

卓球を行う上で生命線ともいえるフットワーク。前後左右の動きが必要なため、足の速い動き、細かい動き、大きな動きを練習で身につけよう。

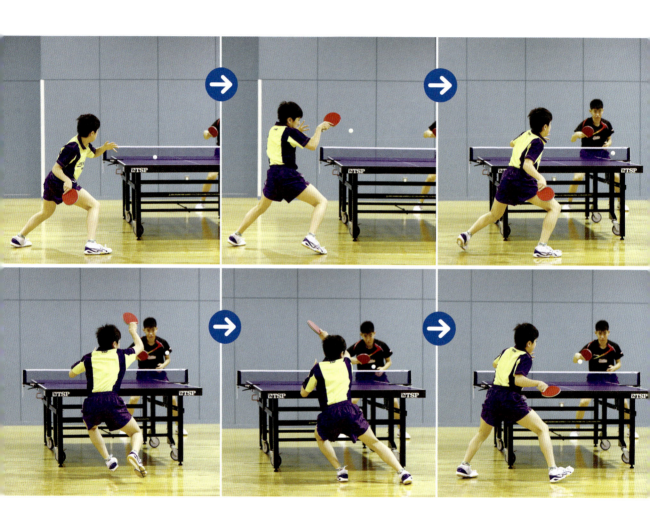

フットワークとは足の動きのこと。卓球のさまざまな技術を使うためには、適切な位置へ移動する必要がある。そのためにフットワークは必要不可欠だ。

フットワークには、細かいステップでの動きと、ボールを大きくふられたときに対応する動きの2つがある。至近距離で打ち合う卓球は速い動きが要求されるが、その動きは相手のボールにタイミングを合わせて行う必要がある。

よいフットワークを身につけるために、毎日の練習の中に必ずフットワークの練習も取り入れよう。

STEP 1 半面で速く動く練習

人数	2人	回数	1セット
道具	ボール	時間	10分

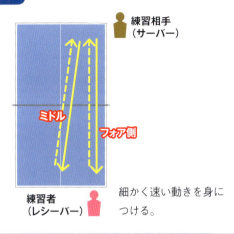

細かく速い動きを身につける。

Point 小さい動きを速くする

1. ボール1球を使い、練習相手はフォア側とミドルへ交互にボールを打つ。
2. 練習者は、速く動いてフォアハンドだけで打ち返す。細かく動いてボールに遅れないようにする。
3. 下半身からの動き出しを意識し、手だけで打たないように意識しながら続ける。

STEP 2 ミドルからフォア、ミドルからバック

人数	2人	回数	1セット
道具	ボール	時間	10分

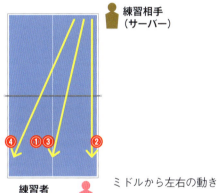

ミドルから左右の動きを身につける。

Point ミドルをフォアで処理する

1. ボール1球を使い、練習相手はミドルからフォア側（①→②）、ミドルからバック側（③→④）へ交互にボールを打つ。
2. 練習者は、ミドルとフォア側はフォアハンドで打つ。バック側は、ボールのスピードや自分の位置に合わせて、フォアハンドだけでなくバックハンドでも打つ。

STEP 3 バック・フォア・ミドルの3点

人数	2人	回数	1セット
道具	ボール	時間	10分

試合を想定した小さい動きと大きい動きを身につける。

Point スタンスの広さと歩幅の大きさを調整

1. フォアで打つときの、小さい動きと大きい動きを合わせたフットワーク練習。
2. ボール1球を使い、練習相手はバック・フォア・ミドルの順にボールを打つ。
3. 練習者は、スタンスと歩幅を調整しながら、すべてフォアハンドで打ち返す。

第1章 基本技術と練習メニュー

21 フットワーク

フットワーク②
2歩動を身につける

2歩動とは、動く方向にある足から動き出し、逆の足を引き寄せる動きのこと。ボールの長さや打つ場所に合わせて変わるフットワークの応用だ。

1 先に動き出すほうの足に少し体重をかける。

2 打球する地点に合わせて、両足がくるようにする。

卓球では、基本的な動きとともに、応用的な動きが求められる。身につけた技術を発揮できるかどうかは、フットワークの力にかかっている。2歩動だけではなく、いろいろな足のステップを覚えて、力強いフットワークを身につけていこう。

コーチからの熱血アドバイス

卓球の基本練習は、フットワーク練習といっても過言ではない。すべての打ち方はフットワーク抜きで語ることはできない。フットワークを鍛えるためにはスタンス、ステップ、歩幅の工夫が重要。そして、体の中心にある軸をぶらさないように行うことも大切だ。

STEP 1　バック・フォア・フォアで2本1本

人数	2人	回数	1セット
道具	ボール	時間	10分

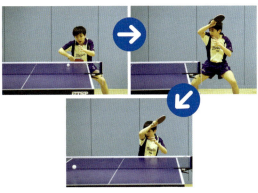

2歩動ですばやく動く。

Point　2歩動で平行移動

1. ボール1球を使い、練習相手は、バック側2本、フォア側1本の順番でボールを打つ。
2. 練習者は、1本目をバックで打ち、2本目は回り込んでフォア、3本目はフォア側へ動いてフォアで打つ。

STEP 2　バック側数本+フォア

人数	2人	回数	1セット
道具	ボール	時間	10分

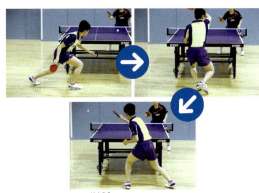

コースを見極めて反応する。

Point　左足を大きく踏み込む

1. ボール1球を使い、練習相手は、バック側へ連続で送球し、練習者は、それをフォアハンドで打ち返す。
2. 練習相手は、何本かに1本、フォア側へ送球する。練習者は、不意にくるフォア側へのボールに反応して、フォアで打ち返す。

STEP 3　2本2本で前後左右に動く

人数	2人	回数	1セット
道具	ボール	時間	10分

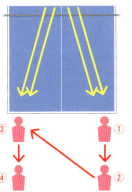

前後の動きを覚える。

Point　左右動と前後動をミックス

1. 練習相手は、フォア側へ2本、バック側へ2本送球する。
2. 練習者は、1本目は前陣で打ち（①）、2本目は下がって中陣で打つ（②）。
3. 3本目に、バック側の前陣に移動し（③）、4本目は下がって中陣で打つ（④）。

第1章　基本技術と練習メニュー

22 切り替え

フォアハンドとバックハンドを自由に扱う
切り替え

切り替えは、フォアハンドとバックハンドの両方を使って打つこと。基本姿勢から、相手ボールに反応して切り替えして打とう。

打ち終えたら、すぐに基本姿勢に戻り、次に備える。ラケットは必ず体の前に置く。

　フォアハンドとバックハンドの切り替えをうまく行うには、グリップをゆるめに握り、ラケットを自由に動かせるようにすることが大切だ。

　また、基本姿勢として、ラケットの位置は必ず前に置くこと。もし、ラケットをフォア側へ先に引いてしまうと、バックハンドの切り替えが遅れてしまう。両ハンドを自由に打っていくためには、打球後のラケットの位置を意識して、どこへ返されても対応できるように準備しなければならない。フットワークと同じように切り替えの技術を高めていこう。

STEP 1　2本2本の切り替え

人数	2人	回数	1セット
道具	ボール	時間	10分

グリップはゆるめに握る。切り替えがすばやくスムーズにできるよう、繰り返し練習して慣れよう。

Point　グリップはゆるめに握る

1. 練習相手は、フォア側に2本、バック側に2本送球する。
2. 練習者は、フォアハンド2本、バックハンド2本を交互に切り替えて打つ。

STEP 2　1本1本の切り替え

人数	2人	回数	1セット
道具	ボール	時間	10分

遠いほうの足から動かす。サイドステップを意識する。

Point　遠いほうの足から動かす

1. 練習相手は、フォア側に1本、バック側に1本ずつ交互に送球する。
2. 練習者は、フォアハンドとバックハンドを交互に切り替えて打つ。
3. 手を伸ばせば届く範囲でも、しっかりと足を動かして切り替えを行う。

STEP 3　全面ランダムの切り替え

人数	2人	回数	1セット
道具	ボール	時間	10分

打ち終わったあとのラケットの位置に注意する。

Point　ラケットを前の位置に置く

1. 練習相手は、フォア側かバック側から、相手コート全面にランダムで送球する。
2. 練習者は、ランダムにくるボールにすばやく反応して、フォアハンドとバックハンドを切り替えて打つ。

第1章　基本技術と練習メニュー

23 守備型

ボールに下回転をかけてねばる技術
カット（フォア）

守備的な戦い方となる「カット型」の主な戦術がフォアカットだ。ボールに下回転をかけてねばり、相手のミスを誘おう。

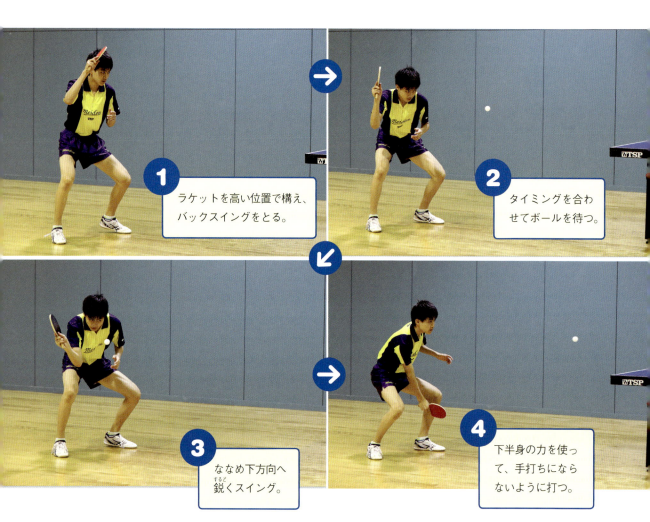

1 ラケットを高い位置で構え、バックスイングをとる。

2 タイミングを合わせてボールを待つ。

3 ななめ下方向へ鋭くスイング。

4 下半身の力を使って、手打ちにならないように打つ。

　カット型は守備的な戦型だ。カットでボールに下回転をかけて、その回転量と回転幅（ボールに回転がかかっているときと回転がかかっていないときの差）によって相手のミスを誘う。

　フォアカットは、スイングの速さや方向が調整しやすいため、バックカットよりもボールに変化をつけやすい。回転量のある安定したカットを打つには、ひざ、股関節の屈伸を使って腰を回転させ、下半身を使う。また、相手よりも1本でも多く返球するねばり強さが求められるので、前後左右に振り回されても対応ができる、フットワーク力が必要である。

STEP 1 フォアカットを続ける

人数	2人	回数	1セット
道具	ボール	時間	15分

打点を一定にして、上からななめ下へスイングし、ボールに下回転をかける。

Point 打点が一定になるように

1. ボール1球を使い、練習相手はフォア・クロスに連続でドライブを打つ。
2. 練習者はドライブに対し、フォアカットを打ち続ける。
3. カットの軌道を一定にする。高くなったり、低くなったりしないように注意する。

STEP 2 左右に動いてフォアカット

人数	2人	回数	1セット
道具	ボール	時間	10分

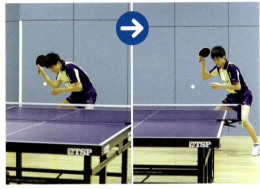

フットワークの練習にもなる。

Point 股関節の屈伸を意識する

1. 練習相手は、左右に1本ずつ連続でドライブを打つ。
2. 練習者は、左右に動いてフォアカットを打つ。下半身をしっかりと使うこと。
3. 動いて打つときも、ひざ、股関節の屈伸を意識して、手だけで打たないように注意する。

STEP 3 前後に動いてフォアカット

人数	2人	回数	1セット
道具	ボール	時間	15分

前後の動きに強くなろう。

Point 軸足(左足)の位置が大事

1. 練習相手は、ドライブとストップを交互に打つ。
2. 練習者は前後に動き、ドライブされたボールをカットで返し、ストップされたボールをツッツキで返す。
3. 動くときは軸足となる左足の位置が大事。左足を起点として右足を動かす。

24 守備型

ひじを軸に鋭いスイング
カット(バック)

バックカットは、フォアカットに比べると応用が難しい。その反面、しっかりしたスイングを身につけると安定性がある。

バックスイングは、高い位置からひじを軸にしてななめ下に振り下ろしていく。

　バックカットは、フォアカットに比べて小手先の技術で調整するのが難しい反面、しっかりしたスイングさえ覚えれば安定するという利点がある。ラケットを上からななめ下へスイングするのだが、ひじを軸にしてするどい振りができると、よい球が打てる。

　カット型を好む選手は、カットをより安定させ、相手のボールを利用して変化をつけるために、粒高ラバーや表ソフトラバーを使う場合が多い。粒高ラバーや表ソフトラバーは、相手のボールの回転を利用しやすいが、自分から変化をつけるのが裏ソフトラバーよりも難しい。そのため、使うのであれば、ラケットを回転して裏ソフトラバーでもカットできるようにしたい。

　安定したカットを身につけて、ねばり強い選手になろう。

STEP 1 ワンコースでバックカットを続ける

人数	2人	回数	1セット
道具	ボール	時間	15分

ひじを軸にして、スイングスピードをあげる。

Point ひじを軸にしてスイングする

1. 練習相手は、バック側へドライブボールを打つ。
2. 練習者はドライブをバックカットで打つ。
3. はじめはクロスで行い、連続で返せるようになったらストレートでも行う。

STEP 2 左右に動いてバックカット

人数	2人	回数	1セット
道具	ボール	時間	10分

軽やかに動いて的確にボールを打つ。

Point すり足で左右に動く

1. 練習相手は、バック側とミドルに1本ずつドライブを打つ。
2. 練習者は、バック側とミドルに動いて、バックカットを打つ。
3. バック側に動くときは、左足を踏んばって、体が外側に流れないように注意する。

STEP 3 横回転をかける

人数	2人	回数	1セット
道具	ボール	時間	10分

体に近いボールは横回転をかけやすい。

Point 回転をかけやすい位置を知る

1. 練習相手にドライブを打ってもらう。
2. 練習者は、バックカットで横回転をかける。
3. 横回転をかけるには、ボールのやや右横側をとらえ、ななめ前方向へスイングするとよい。

25 守備型

変化に強いラバー
粒高ラバーのフォアハンド

粒高ラバーは変化に強く、主に守備型の選手が使う。ペンホルダーに粒高ラバーを貼る選手は、前陣でフォアハンドを打つ。

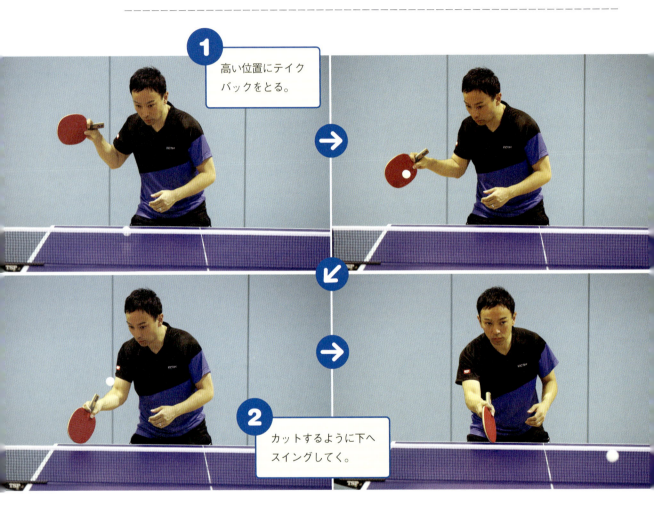

1 高い位置にテイクバックをとる。

2 カットするように下へスイングしてく。

　粒高ラバーは、ラバー面の粒が細くて高く、比較的やわらかい特殊なラバーだ。その特徴は、ボールの変化に対して影響を受けづらく、無回転のナックルボール（➡P.66）を出しやすいことだ。

　粒高ラバーは、ペンホルダーの守備型の選手に多く見られるが、シェークハンドのバック面に貼る選手もいる。カット性のブロックにより、ナックルボールで相手のミスを誘うのが基本的な戦い方だ。また、下回転のボールに対してプッシュがしやすいという利点もある。ただし、強く攻撃するようなボールは打ちにくいため、ペンホルダーの選手は裏面に裏ラバーを貼って、そちらで攻撃することが多い。

STEP 1　フォア打ちで続ける

人数	2人	回数	1セット
道具	ボール	時間	10分

Point バウンド直後を打球する

1. 練習相手とフォアハンドで打ち続ける練習。
2. フォア・クロスで行い、粒高ラバーの打ち方を身につける。
3. インパクトの強さでボールの飛び方が変わるので、ラケットの角度を調整して感覚をつかんでいく。

粒高は普通のフォアを打つのが難しい。

STEP 2　カットとプッシュの打ち分け

人数	2人	回数	1セット
道具	ボール	時間	15分

Point テイクバックを高くする

1. カットとプッシュという違う球質で打ち分ける練習。
2. 練習相手のボールが上回転のときにカットを打ち、下回転のときにプッシュを打つ。カットの場合はラケットを上からなめ下へ振る。プッシュの場合は横から前に押す。

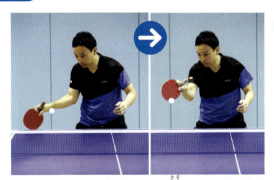

強い回転をかけて、相手のミスを誘うカットと、強く押し出すように打つプッシュで打ち分ける。

ココが重要！
粒高ラバーの特徴

主に守備型の選手が使用する粒高ラバー。ラバーの粒が高いために、相手ボールの回転の影響を受けづらく、簡単にレシーブがしやすいという利点がある。

しつこくねばって相手のミスを誘うのが、基本的な戦い方だが、回転の変化と厳しいコースどりを武器に、相手をくずせるようになろう。

第1章　基本技術と練習メニュー

26 粒高

ナックルボールをつかう
粒高ラバーのバック

粒高ラバーを使うと、無回転ボールのナックルが出しやすい。ナックルボールを積極的に使いこなして、相手をほんろうしよう。

バックでのプッシュ。打つタイミングを早くして、ボールを乗せるように打つことで、鋭いプッシュが打てる。

変化に強い粒高ラバーは、ボールに回転をかけないナックルボールを出しやすいのが特徴だ。ナックルがうまく打てると、ボールが少しゆれて飛んでいくため、相手が打ちづらくなる。ナックル系のボールが出せるようになれば、強力な武器になる。

ココが重要!
自分に合ったラバーを探そう

粒高ラバーは自分から回転をかけることが難しい反面、相手が強い前進回転をかければ、その回転を利用して強い下回転をかけることができる。粒高ラバーといっても粒の形状や高さにいろいろな種類があるので、自分に合ったラバーを見つけよう。

STEP 1　カットとプッシュの打ち分け

人数	2人	回数	1セット
道具	ボール	時間	15分

カットは上から下へ、プッシュは上からななめ下へラケットを動かす。

Point　カットは下へ、プッシュは前へ

1. 練習相手からのボールを、カットとプッシュで打ち分ける練習。
2. 練習相手のボールが上回転のときにカットを打ち、下回転のときにプッシュを打つ。
3. 練習相手のボールによって打ち方を変えなければならないので、反応を速くする。

STEP 2　ストレートへながす

人数	2人	回数	1セット
道具	ボール	時間	10分

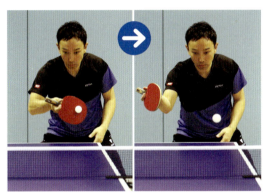

ゆるい打球や速い打球を打ち分ける。

Point　ラケットを横へ振る

1. 多球練習で、球出し役にバック側へ送球してもらう。
2. 相手のボールに逆らわず、ラケットを横に振って、ストレートへ打つ。
3. ゆるやかなボールと速いボールの両方が打てるように、それぞれ練習する。

STEP 3　下回転のボールをツッツキで返す

人数	2人	回数	1セット
道具	ボール	時間	10分

ラケットの角度の調整が大事。

Point　粒を倒すようにこする

1. 練習相手は、下回転のボールをバック側へ打つ。
2. 練習者は、下回転のボールをツッツキで返す。
3. 粒高ラバーの性質上、下回転のボールを返すと前進回転になりやすいのだが、ツッツキでも返せるようにする。

第1章　基本技術と練習メニュー

> コラム

ラバーの種類とメンテナンス
多種多様なラバーを知る

数百種類以上もあるといわれるラバーは、技術やプレースタイルにも大きく影響をあたえる。ラバーには寿命があるので、手入れの方法と交換時期を理解しておこう。

ラバーの種類

裏ソフト	特徴	プレースタイル
打球面／シート／スポンジ／ラケットとの接合面　裏ソフトラバー	表面が平らで摩擦力が大きいため、ボールに回転がよくかかる。反発力や回転を重視したもの、スポンジの厚さでも種類が分かれる。	ボールに回転をかけやすいことから、多くの選手に使われている。

表ソフト	特徴	プレースタイル
打球面／シート／スポンジ／ラケットとの接合面　表ソフトラバー 打球面／シート／ラケットとの接合面　表一枚ラバー	表面に粒があるため、ボール離れが速い。	回転がかかりにくく、スピードが出るので、スマッシュなどの強打が打ちやすい。そのため、速いラリーで勝負する選手が使うことが多い。

粒高	特徴	プレースタイル
打球面／シート／スポンジ／ラケットとの接合面　粒高ソフトラバー 打球面／シート／ラケットとの接合面　粒高一枚ラバー	表面の粒の形状が長いので、無回転のボールが出せる。	ナックルボールが得意な選手が使う。回転がかかったボールに対しては、逆回転で返球できるので、ボールの変化で勝負する選手も使う。

ほかに、表ソフトや粒高の表面にスポンジがない「一枚」というラバーもある。

ラバーの寿命

一般にどのラバーも、80～100時間くらい使うと弾みが悪くなったり、回転量が少なくなったりして、次第に性能が落ちてくる。性能が落ちたラバーで練習していると、フォームがくずれてしまう恐れがあるので、ラバーを取り替える必要がある。

メンテナンス

ラバーの性能を保つためにはメンテナンスが大切。市販のクリーナーで表面をきれいにして、ラバー面に保護フィルムをかぶせてからケースにしまうのが一般的。ラバーを少しでも長持ちさせるために、練習後には必ずメンテナンスをしよう。

資料提供：日本卓球（株）

第2章

ゲームを想定した実戦・練習メニュー

01 実戦練習

攻撃チャンスを逃さない
サービスからの3球目攻撃

サービスから3球目は、最も攻撃チャンスが大きい。サービスで相手のレシーブをくずしたら、すかさず3球目攻撃をしかけていこう。

サービスを出すときは3球目で攻撃をしかけることをイメージして行う。

　卓球は点を取り合う競技だ。先に攻撃をしかけたほうが点を取りやすい。最も攻撃をしかけるチャンスがあるのが3球目だ。なぜなら、サービスを打つときが最も多彩な変化をつけられるからである。回転の変化やコースの変化など、サービスによって相手をくずし、甘いレシーブを誘って3球目攻撃をしかけよう。

　サービスのときは、3球目でどのような攻撃をしかけていくのかを考えて、得意なパターンを増やしていこう。フォアハンドだけでなく、バックハンドでも強い攻撃を身につけることで、バリエーションを増やしたい。3球目攻撃に自信が持てれば、大きく勝利に近づくことは間違いない。

STEP 1 ツッツキレシーブを回り込んでドライブ

人数	2人	回数	1セット
道具	ボール	時間	10分

Point 積極的に回り込む練習

1. 下回転系のサービスを出して、練習相手にバック側へツッツキをしてもらう。
2. 練習相手のツッツキを、回り込んでドライブで強打する。
3. 繰り返し練習し、回り込むタイミングを覚える。

回り込むタイミングが大事。

STEP 2 ストレートへバックドライブ

人数	2人	回数	1セット
道具	ボール	時間	10分

Point 意表を突くストレート攻撃

1. 下回転系のサービスを出し、練習相手にバック側へツッツキをしてもらう。
2. 練習相手のツッツキを、バックハンドでストレートに打ち返す。
3. 強打はクロス方向に打つことが多いが、意表を突いてストレートをねらえるようにしておきたい。

積極的にストレートをねらおう。

STEP 3 フォア前をフリック

人数	2人	回数	1セット
道具	ボール	時間	10分

Point 踏み込んで打つ

1. ショートサービスを出し、練習相手にフォア前にストップをしてもらう。
2. フォア前にきたボールをフリックする。タイミングを合わせて、コンパクトにラケットを振り抜く。

大振りになると思わぬミスをする。

第2章 ゲームを想定した実戦・練習メニュー

02 実戦練習

レシーブで先手をとる
レシーブからの4球目攻撃

レシーブで先手をとり、相手をくずすことができれば形勢が有利になることは間違いない。4球目攻撃につながるようなレシーブを心がけよう。

1 レシーブは最大限の集中力をもって行う。

2 さまざまなサービスに対応できるように細かい足の動きを覚える。

レシーブでチャンスをつくるには、相手のサービスを読んで対応することが必要。当然ながらサービスのときよりも高い集中力が求められる。そして、フリック、チキータ、ながしなど質の高いレシーブテクニックが不可欠だ。

まずは自信をもってレシーブができるようにテクニックを高めよう。そして、レシーブとセットで4球目攻撃を考えることが重要である。レシーブで先手をとることができても、決定力は低い。レシーブと4球目攻撃をセットとして得意なパターンを増やしていけば、試合展開を有利にできる。

STEP 1 フォア前をながし、バックハンドで中打・強打

人数	2人	回数	1セット
道具	ボール	時間	10分

フォアハンドのながしを有効に使う。

Point フェイントでチャンスを演出

1. 練習相手に、フォア前に下回転系のサービスを出してもらう。
2. ながしのレシーブでストレートに打つ。
3. 練習相手に、バック側へ返してもらい、バックハンドで中打・強打する。中打は5〜6割の力で打ち、強打は全力で打つ。

STEP 2 チキータからバックハンドで中打・強打

人数	2人	回数	1セット
道具	ボール	時間	10分

チキータで押していく。

Point チキータで先手をとる

1. 練習相手に、バック前からミドル前に下回転系のサービスを出してもらう。
2. チキータでレシーブを打ち、先手をとる。
3. 練習相手に、バック側に送球してもらい、バックハンドで中打・強打する。

STEP 3 フォアハンドのストレート攻撃

人数	2人	回数	1セット
道具	ボール	時間	10分

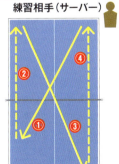

相手をフォア側へ寄せる。

Point 早いタイミングでの攻撃

1. 練習相手に、バック前に下回転のサービスを出してもらう（①）。
2. 相手のフォア側へ、フリックでレシーブを打つ（②）。
3. 練習相手に、フォア側へ返してもらい（③）、空いているバック側のストレートに攻撃する（④）。

第2章 ゲームを想定した実戦・練習メニュー

03 多球練習

すばやい前後の動きを覚える

台への入り方と下がり方

台上にきたボールを打つには、細かいステップで台の中へ入り、打球後にすばやく下がるフットワークが大切だ。多球練習でフットワークをみがこう。

ボールをたくさん打ち込み、繰り返し練習して、台上技術のための足の動かし方を覚える。

台上にきたボールの処理方法は、ストップやフリック、ツッツキなどいろいろあるが、その技術を支えるのが足の動かし方だ。足を上手に動かせなければ、タイミングよく打つことができないし、いろいろな打ち方をすることが難しくなる。

細かい足の動かし方を覚えて、台の中へ入るタイミングと、打球後にうしろに下がって基本姿勢に戻る動作を身につけよう。思いどおりに足を動かせれば、いろいろな打ち方ができるため、相手には何をするのか読まれずに打球することができる。

STEP 1　台への入り方

人数	2人	回数	60球×2セット
道具	ボール、防球ネット	時間	7分

ボールに近づく感じで、体を乗り出す。

Point　右足、左足、右足の順番

1. 多球練習で、球出し役にショートサービスを出してもらう。
2. ネット際の短いボールに近づくには、右足、左足、右足の順番で足を動かす。
3. 足を動かしながら、顔と体をボールに近づけて打つ。

STEP 2　足の下げ方

人数	2人	回数	60球×2セット
道具	ボール、防球ネット	時間	7分

下がったあとにすぐに打つ体勢に入る。

Point　一歩目は小さく動く

1. 多球練習で、球出し役に上回転系のボールを1つのコースに出してもらう。
2. **STEP 1**と同じように打球する。
3. 打球したら、右足、左足、右足、左足の順に下げる。1歩目の右足は少しだけ動かす。右足が軸足になるため、着地の最後は左足にする。

STEP 3　フォア前からバックハンド

人数	2人	回数	60球×2セット
道具	ボール、防球ネット	時間	7分

どの位置まで動くのか体で覚える。

Point　前後の位置を理解する

1. 多球練習で、球出し役にフォア前へショートサービスを出してもらう。
2. ボールに近づき、フリックでレシーブ。その後、バック側に下がる。
3. 次のボールをバック側に返してもらい、練習者はバックハンドで打つ。

第2章　ゲームを想定した実戦・練習メニュー

04 2バウンド目の判断

多球練習

2バウンド目が台から出るかどうかを見極める

サービスのバウンドの大きさがどのくらいなのかをすぐに判断できなければ、よいレシーブはできない。台から出るか出ないかのボールにうまく対応しよう。

どのレシーブを打つのか、判断力を高める練習。ショートサービス、ハーフロングサービス、ロングサービスにすばやく対応できるように練習をする。

レシーブのとき、相手サービスの球質を見抜くことは重要だが、それと同時にボールのバウンドの大きさがどの程度なのかを判断することも大事だ。例えば、同じ球質のサービスでもバウンドの大きさが変われば、当然レシーブの方法も変わってくる。ショートサービスとロングサービスはわかりやすいが、2バウンド目が台から出るか出ないか微妙なサービスだと、レシーブの方法が難しくなる。相手サービスのバウンドに対する判断力を高めよう。

STEP 1 全面をフォアハンドで打つ

人数	2人	回数	60球×2セット
道具	ボール、防球ネット	時間	7分

 バック側
 ミドル

どのコースのレシーブでも、スイングを小さくするとミスが少ない。

Point スイングは小さく

1. 球出し役は、同じ球質でバウンドの大きさが違うサービスをコートの全面に出す。
2. 球質とコースを判断し、すべてのコースをフォアハンドでレシーブする。
3. 台上のボールはフリック、台から出たボールはドライブで打つ。

STEP 2 全面を両ハンドで打つ

人数	2人	回数	60球×2セット
道具	ボール、防球ネット	時間	7分

 ショートサービス
 ロングサービス

ロングサービスの場合は、より力強く打つ。

Point 台上を打つ感じで台に近づく

1. 球出し役は、同じ球質でバウンドの大きさが違うサービスを全面に出す。
2. 球質とコース、バウンドの大きさを判断して、両ハンドで打つ。
3. 台上にあるボールを打つつもりで台に近づき、ボールが台から出た場合はすかさずドライブで対応する。

コーチからの熱血アドバイス

台上のボールに意識を持つ

サービスのバウンドを判断するときに、当然、台のどこへボールがきても対応できるようにするのだが、確率的にはショートサービスの場合が多い。したがって、基本的には台上のボールに意識を持っておき、ロングがきたときに対応すると考えておくとよい。レシーブで有利になるには、相手がどのようなサービスをどのコースに出してくるのか、ある程度の読みが大切である。

第2章 ゲームを想定した実戦・練習メニュー

05 多球練習

スペースを広く使う
左右・前後の動き

相手の攻撃でゆさぶられたときに対応できるように、左右のフットワークを鍛えよう。左右と同様に、前後のフットワークも重要だ。

1 タイミングを合わせてバックスイングをする。

2 体全体を使って大きくスイング。

3 相手のボールにタイミングを合わせて台に近づく。

4 ボールのバウンドを見極めて打球する。

バウンドが大きいボールや強いドライブなどは台の近くで打つのが難しいため、バウンドに合わせて距離をとることが大事だ。

一般に左右に動く練習は多く取り組むが、前後の動きを意識した練習は意外に少ない。しかし、実際の試合ではいろいろなバウンドでボールが返ってくるので、前後の意識が足りないと、思わぬミスが出てしまう。日ごろから前後の動きを意識したフットワーク練習を取り入れるようにしよう。

STEP 1 全面でフォアハンド

人数	2人	回数	60球×2セット
道具	ボール、防球ネット	時間	7分

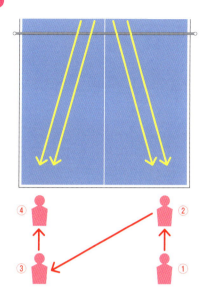

大きく動いてフォアハンドで打つ。

Point 台との距離をつかむ

1. 球出し役は、左右に2本ずつ上回転のボールを送球する。
2. 1本目は後陣で打ち（①）、2本目は前陣で打つ（②）。3本目はななめうしろに移動して打ち（③）、4本目は前陣で打つ（④）。
3. 前後左右に大きく動いて、すべてフォアハンドで打とう。

STEP 2 全面で両ハンド

人数	2人	回数	60球×2セット
道具	ボール、防球ネット	時間	7分

フォアハンドもバックハンドも同じように打てるようにする。

Point 両ハンドのコンビネーション

1. 球出し役は、左右に2本ずつ上回転ボールを送球する。
2. 1本目は後陣で打ち、2本目は前陣で打つ。3本目はななめうしろに移動して打ち、4本目は前陣で打つ。
3. フォア側はフォアハンド、バック側はバックハンドで打ち、両ハンドのコンビネーションを高めていく。

第2章 ゲームを想定した実戦・練習メニュー

コーチからの熱血アドバイス

すばやい動きで、広く大きなプレーを目指す

卓球は台と近い距離で行われるが、強いボールを打ち合うときは台から離れる場合が多い。その分、動く範囲は大きくなるし、台から離れたところまで強いボールが届くようにスイングも大きくする必要がある。前後左右に大きくゆさぶられても、すばやいフットワークで躍動感のある動きができるようにしよう。

06 多球練習

守りから攻撃に転じる
ブロックからの攻撃

攻撃は得点をとるためにしかけるが、それは相手も同じこと。相手の攻撃をしっかりブロックすれば、自分の攻撃チャンスが生まれる。

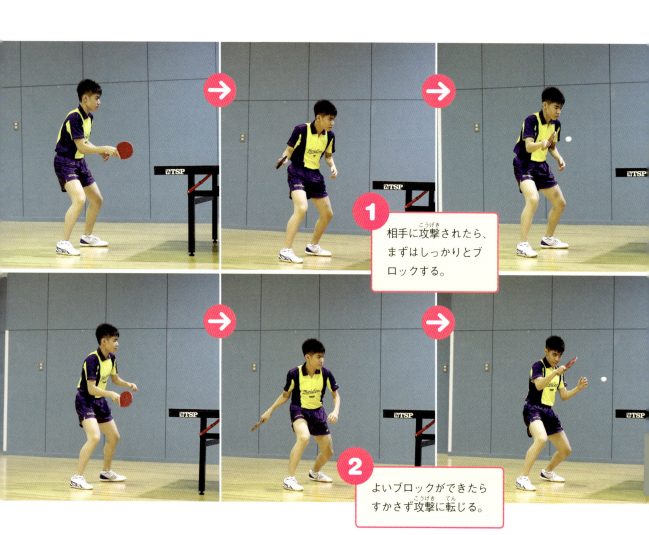

① 相手に攻撃されたら、まずはしっかりとブロックする。

② よいブロックができたらすかさず攻撃に転じる。

　点をとるために、お互いに攻撃をしかけることを考えているので、当然、相手に攻撃されることもある。相手に先に攻撃されたときに、タイミングを合わせて攻撃をし返すこともできるが、相手の攻撃に威力があれば、まずはしっかりブロックすることで、相手の連続攻撃を止めなければならない。連続攻撃を止められれば、攻撃のチャンスが生まれる。

　ただし、せっかくよいブロックをしても、単にボールをつなぐだけでは意味がない。常に次の攻撃への意識を持ち、攻撃のチャンスを生かそう。

STEP 1　両ハンドブロックからの攻撃

人数	2人	回数	1セット
道具	ボール	時間	10分

フォアブロック / **バックブロック**

しっかりとブロックしてチャンスをつくる。

Point　攻撃のテンポをつかむ

1. 練習相手に強いボールを打ってもらう。打つコースは事前に決めておく。
2. 1本目をブロックして、次のボールを攻撃する。
3. フォアでブロックして攻撃する練習と、バックでブロックして攻撃する練習をそれぞれ行う。

STEP 2　バックサイドに振ってからの攻撃

人数	2人	回数	1セット
道具	ボール	時間	10分

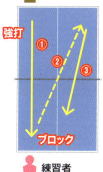

バックサイドに振ることで、相手に連続攻撃をさせないようにする。

Point　相手に連続で攻撃させない

1. 強打してきた相手のボール（①）をバックサイドに返球する（②）。返球はバックハンドで、相手に連続で強打されないようにしっかりブロックする。
2. 相手がボールをつないできたら（③）、すかさず攻撃する。

STEP 3　全面ブロックからの攻撃

人数	2人	回数	1セット
道具	ボール	時間	10分

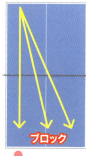

ラケットの角度の調整がうまくいかないと、相手に連続攻撃のチャンスをあたえてしまう。

Point　ラケットの角度を調整

1. 練習相手にフォア側に立ってもらい、全面に向けて強打をしてもらう。
2. 相手の強打に対し、ラケットの角度を調整して両ハンドでブロックする。
3. うまくブロックしてチャンスボールをつくり、そのボールで攻撃する。

07 ダブルス

息の合った動き方を覚える
ダブルスの動き方

ダブルスではパートナーと組んで、2人が交互(こうご)に打つ。2人の動き方がバラバラだとうまくいかないので、よい動き方を覚えてダブルスに強くなろう。

打球後、パートナーの打球エリアをつくる動き方が重要。

ダブルスでは、ひとつのボールを2人が交互(こうご)に打つ。1回打ったらすぐによけなければ、パートナーのジャマになり、うまく打ち続けることができない。ダブルスは何といってもコンビネーションが大事。コンビネーションが悪くて強いダブルスはあり得ないのだ。

動き方のポイントは、自分が打ったあとにすぐによけて、パートナーにつなげること。つまり、自分が打球するときは、次のパートナーが打ちやすくなるように考える必要がある。先を読んでうまく動くといった、息の合ったコンビネーションを身につけよう。

STEP 1 左右に動いてよける

人数	3人	回数	1セット
道具	ボール	時間	10分

フォア側で打ったら右へ、バック側で打ったあとは左へよける。

Point すぐによける

1. 練習相手はフォア側へ2本、バック側へ2本送球する。このあとの返球はブロックで回す。
2. フォア側の1人目は、打ったあとにすぐに右によける。次のパートナーも、打ったあとに右によける。
3. バック側で打ったあとは左へよける。次のパートナーも打ったあとに左へよける。
4. フォア側もバック側も、よけたらうしろへ下がり、次のボールを打つ準備をする。

第2章 ゲームを想定した実戦・練習メニュー

STEP 2 打球したらうしろに回る

人数	3人	回数	1セット
道具	ボール	時間	10分

8の字を描くようにフォア側、バック側を交互に行う。

Point 8の字を描く

1. 練習相手は、フォア側へ2本、バック側へ2本送球する。このあとの返球はブロックで回す。
2. フォア側で1人目が打ったら、すぐにうしろへよける。
3. 次のパートナーも、打ったらうしろへよける。よけたあとは中央あたりに移動する。
4. バック側でも同じ動きをする。

コーチからの熱血アドバイス

コンビネーションが大事

ダブルスで大事なのはコンビネーション。動きはもちろんのこと、どのような組み立てをするのかよく話し合ってコンビネーションを高めていこう。ダブルスは2人が助け合うことで、1+1が2ではなく3以上になることもある。逆に強い者同士が組んでも、コンビネーションが悪ければ1+1が2以下になってしまう。

08 ダブルス

多球練習で追い込む
ダブルスで多球練習

多球練習でダブルスの動き方や、フットワーク、コンビネーションを高めていき、得意なパターンをつくろう。

　ダブルスの動きを高めるには、多球練習が最適。多球練習で大きな動き、速い動きの練習をし、攻撃とつなぎのバランスをとりながら、さまざまな動きのパターンを身につけよう。多球練習で重要なのは、球出しのタイミングとコースどり。タイミングが早すぎると追いつけないし、遅いと効果が小さくなる。つまり、練習効果があがるかどうかは球出し役のテクニックにかかっているのだ。

　ダブルスは練習すればするほど、コンビネーションが高まる。多球練習をたくさんして、息の合ったよいペアになろう。

STEP 1　全面をフォアハンドで

人数	3人	回数	60球×2セット
道具	ボール、防球ネット	時間	7分

フォアハンドでしっかりとつなぐ。

Point　フットワークを高める

1. 上回転系の打球を全面に出してもらう。
2. 練習者は交互に、すべてフォアハンドで打球する。2人で全力で動き回り、ダブルスでのフットワークを高める。
3. いきなり厳しいコースへ送ると打てないので、球出し役は、徐々に厳しいコースに追い込んでいく。

STEP 2　全面を両ハンドでカバー

人数	3人	回数	60球×2セット
道具	ボール、防球ネット	時間	7分

攻撃的なボールとつなぎのボールを使い分ける。

Point　両ハンドを自由に使う

1. 上回転系の打球を全面に出してもらう。
2. 練習者は、攻撃できるボールとつなぐボールを判断しながら、両ハンドを使って返球する。
3. 両ハンドを自由に使いこなせるように練習を積んでいく。

STEP 3　さまざまな球種に対応

人数	3人	回数	60球×2セット
道具	ボール、防球ネット	時間	7分

得意なパターンをつくる。

Point　さらに実戦的に

1. 球出し役はいろいろなサービスや下回転系のボールを混ぜて、より実戦的な送球をする。
2. 下回転はツッツキやフリック、台から出るボールはドライブで対応する。
3. 実戦に近い状況で練習することで、コンビネーションを高める。

第2章　ゲームを想定した実戦・練習メニュー

09 ダブルス

レシーブから先手をとる
レシーブからの展開

ダブルスのサービスには、台の右側半面から相手コートの対角に出すというルールがある。ボールがくるコースが限定されるので、レシーブ側が有利なのだ。

ダブルスはレシーバーが台の近くで構え、パートナーは少し離れた場所で構える。

　ダブルスはサービスのコースが限定されているので、レシーブ側のほうが有利である。もちろん、いろいろな種類のレシーブができるに越したことはないのだが、レシーブから先手をとって優位に展開できるかどうかで、ダブルスの勝敗が左右されるといってもよいだろう。

　同時に、レシーブで優位に立ち、4球目で攻撃するパターンを増やしていくことが大切だ。球種やコースによってさまざまなパターンがあるので、できるだけ得意なパターンをつくろう。

フォア側にレシーブしたパターン

人数	4人	回数	1セット
道具	ボール	時間	10分

Point 4球目をクロスで待つ

1. 練習相手はサービスを出す（①）。
2. レシーバーはフリックやチキータなどで相手のフォアサイドをつく（②）。
3. パートナーはクロスにくるボール（③）を待って、4球目を強打する。

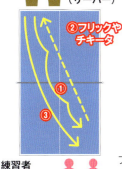

フォア側にレシーブをして相手を動かす。

バック側にレシーブしたパターン

人数	4人	回数	1セット
道具	ボール	時間	10分

Point 4球目を両ハンドで待つ

1. 練習相手のサービス（①）を、バック側へレシーブする（②）。
2. ツッツキやストップでレシーブした場合は、相手にツッツキをさせてドライブで攻撃する。ながしやフリックでレシーブした場合は、バックで打つ甘いボールを両ハンドで攻撃する。

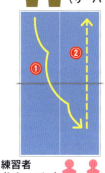

レシーブでチャンスボールをつくる。

全面にレシーブしたパターン

人数	4人	回数	1セット
道具	ボール	時間	10分

Point 意思の疎通を高める

1. 練習相手にいろいろなサービスを出してもらうことで（①）、練習者はレシーブのやり方やコースを変える。
2. パートナーのレシーブをみて、4球目に備える。レシーブによって4球目が変わるので、パートナーと動きや考えを共有していく。

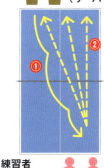

相手のサービスによってレシーブを変える。そのレシーブによって、4球目も変わる。

10 ダブルス

相手チームへのゆさぶり方も覚える
試合形式での練習

ダブルス対ダブルスの試合形式での練習。試合に近い状況で、自分たちの得点パターンになるようにプレーする。また、相手へのゆさぶり方も覚えていこう。

ダブルス同士の試合形式の練習は、ダブルス練習の最終段階だ。オールコートで今まで練習をしてきたパターンがどれだけできるか、どこまで相手に通用するのか、どのような組み立てがよいのかなどを、試合を想定した中で試していく。

また、どこへ打ったら相手がやりにくそうにしているのか、どちらのコースが得意で、どのコースへの動きが悪いのかなど、相手を分析することも大切だ。さらに、練習相手に要望を出して不利な状況から巻き返す練習などをしていくのも、実戦では役に立つ。

STEP 1　同じコースを2本ねらう

人数	4人	回数	1セット
道具	ボール	時間	10分

相手の位置が前後に重なると、チャンスがつくりやすくなる。

Point 相手を同じコースによせる

1. ダブルス対ダブルスで行う。
2. レシーブと4球目。レシーブのあとの4球目と6球目。サービス時は3球目と5球目。2本連続で同じコースをねらう。
3. 同じコースをねらうことで相手をどちらかによせる。同じコースによせると相手が重なり合うので動きが乱れやすい。

STEP 2　フリーに打つ

人数	4人	回数	1セット
道具	ボール	時間	10分

すばやい状況の判断が大事。

Point 状況によって判断

1. ダブルス対ダブルスで行う。
2. 試合形式で、お互いフリーに打っていく。
3. ボールの状況、相手の状況、パートナーの状況を常に理解して、さまざまなシチュエーションに対応していく状況判断が大事。

STEP 3　相手に攻撃や位置を変えてもらう

人数	4人	回数	1セット
道具	ボール	時間	10分

いろいろな状況を想定する。

Point 相手に注文をつける

1. ダブルス対ダブルスで行う。
2. 相手に攻撃の種類、パターン、コースなどの要望をいろいろ出して、それに対応していく。
3. 要望する内容を増やしていけば、対応力があがり、よりレベルの高い練習となる。

第2章　ゲームを想定した実戦・練習メニュー

コラム

日本一を目指して 全国大会への道のり

日本のトップ選手たちの多くは、幼少のころから各カテゴリーの全国大会で活躍して、世界へと羽ばたいていった。小学生・中学生の全国大会を紹介しよう。

小学生の全国大会

① 【個人】全日本卓球選手権大会（ホープス・カブ・バンビの部）
② 【団体】全国ホープス卓球大会
③ 【団体】全国ホープス選抜卓球大会

　全日本卓球選手権には、ホープス（小学5、6年）、カブ（小学3、4年）、バンビ（小学1、2年）の3種目があり、ホープスのチャンピオンが実質的な小学生日本一ということになる。また、バンビが最も若い日本一となる。

　全国ホープス卓球大会は、同じクラブの選手でチームを組み、団体日本一を決める大会だ。3～4人でチームを編成して勝ち数を競う。1次リーグ、決勝トーナメントいずれも、シングルスを4試合、ダブルスを1試合行い、先に3勝したほうが勝ちとなる。

　全国ホープス選抜卓球大会は、県単位でチームを組む団体戦。6年生が2人、5年生、4年生、3年生が各1人でシングルスを5試合行う。決勝トーナメントでは、先に3勝したチームが勝ちとなる。

中学生の全国大会

① 【団体・個人】全国中学校卓球大会
② 【個人】全日本卓球選手権大会（カデットの部）
③ 【団体】全国中学選抜卓球大会

　全国中学校卓球大会は、団体戦と個人戦の2種目がある。この大会で優勝したチーム、選手が中学校、中学生の日本一となる。全国中学校卓球大会に出場するには、いくつもの予選会を経なければならない。各都道府県大会の前に地区大会がある。各県の地区大会で勝ち、県大会で勝ち、そのあと各ブロック（北海道、東北、関東、北信越、東海、近畿、中国、四国、九州）で勝ち抜いた学校・選手だけが、晴れの全国大会に出場できる。開催時期は8月。

　全日本卓球選手権大会（カデットの部）は、シングルスとダブルスの個人戦。シングルスは、14歳以下の部と13歳以下の部に分かれている。予選は各都道府県。開催時期は秋頃。

　全国中学選抜卓球大会は、団体戦。各都道府県から1校（開催県のみ2校）、中学1、2年生が参加できる。開催時期は3月末。

第3章

試合に勝つための作戦

01 作戦

1球目攻撃で試合を有利にする
サービスの重要性を知る

サービスは「1球目攻撃」とも言われ、とても重要な打球だ。試合展開を優位にするだけでなく、試合の勝敗を大きく左右するのだ。

試合を優位に進めるためにも、サービスは大切にしたい。

サービスがうまいと試合を圧倒的に優位に進められるし、自信をもってプレーすることができる。そうなるためには、まずは打てるサービスの種類を増やすことから始めよう。そして、回転量や回転幅を広げたり、逆モーションなどを身につけたりして、相手に何を打つのかわからせないようにしていこう。

3球目で、どのようなプレーをするのかも合わせて考えるとよい。サービスと3球目の組み合わせはたくさんあるが、プレーの軸となる得意パターンを多く持つことが大切だ。

また、サービス時に得点ができれば気持ちに余裕が生まれるので、レシーブも思い切ることができる。

STEP 1　1つのコースへ10本連続

人数	1人	回数	1セット
道具	ボール、タオル	時間	20分

Point　タオルを置いてコントロール

1. バックサイドに、写真のようにタオルを置く。
2. タオルにあたらないように、サービスを10本連続で出す。
3. 10本連続で決まったら、タオルの場所を変えて、違うコースで行う。

同じコースに連続で出して技術をみがき、自信をつける。

STEP 2　台上を8分割してコースをねらう

人数	1人	回数	1セット
道具	ボール、使い古したラバー	時間	20分

Point　いろいろな場所をねらう

1. 相手コートの台の上を8分割して、使い終えたラバーを目印に置く。
2. 同じ種類のサービスを、相手コートのいろいろな場所をねらって打つ。サービスの種類は多いほうがよい。
3. どのような打ち方をしても、どこへでも出せるように繰り返し練習しよう。

試合展開をイメージして、サービスを組み立てる。

STEP 3　試合を想定して配球を決める

人数	1人	回数	1セット
道具	ボール	時間	10分

Point　3球目を考えたサービス

1. 実際の試合を想定しながら、ボールをたくさん使ってサービスの練習をする。
2. 3球目のことを考えて、相手の予測を外すサービスを打つ。
3. 1本目は、短いサービスを相手に意識させ、2本目は長いサービスを出すなど、相手の予測を外す組み立てを考える。

ねらったところへ正確にボールが出せるようにする。

02 作戦

相手の弱点を見抜く
相手の構えでサービスを決める

試合では、流れをつかむために、どこへ何を打つのか組み立てる。とくにサービスが重要になるので、サービスを出すときは相手の構えをよく観察しよう。

相手レシーブの構えをみて特徴を見抜こう。

　試合に勝つためには、多彩なサービスを打つことが重要だが、必ずしも自分が得意なサービスが相手に効くとは限らない。逆に自分があまり得意なサービスでなくても、相手にとってはやりづらい場合もある。

　サービスを出すときは、相手の構えをよく見て、相手の特徴を見抜くことが大事だ。グリップの握り方や構える位置によって、どの技術が弱いのか、どのコースが苦手で何を待っているのかなどを読み解いていく。そして、相手の傾向に合わせて、サービスから試合を組み立てていこう。

STEP 1 相手の構えを見て特徴をつかむ①

人数	2人	回数	1セット
道具	ボール	時間	7分

バックハンドグリップはフォアが苦手。

Point 相手の苦手なプレーをつく

1. 練習相手に、バックハンドグリップで構えてもらう。
2. バックハンドグリップの選手は、ミドル付近とフォア前が弱い。
3. そこで、ミドル付近とフォア前に、いろいろな回転のサービスを出す練習をする。

STEP 2 相手の構えを見て特徴をつかむ②

人数	2人	回数	1セット
道具	ボール	時間	7分

極端にバック側に構える選手は、バック前もフォアで打つ傾向がある。

Point 打ち方の傾向を探る

1. 練習相手に、極端にバック側で構えてもらう。
2. フォア側にサービスし、フォアでレシーブさせたあと、練習者はバックを攻める。
3. サービスはフォア前とフォアへのロングサービスが有効なので、限りなくサイドラインの近くへ出せるように練習する。

STEP 3 相手の構えを見て特徴をつかむ③

人数	2人	回数	1セット
道具	ボール	時間	7分

右足前でセンターライン付近に構える選手は、右ポケット付近に穴がある。

Point 相手のスタイルの穴をつく

1. 練習相手に、センターライン付近で構えてもらう。
2. ここに構える選手は、バックサイドに切れるサービスと、右ポケット付近にくる回転系のサービスに弱い。
3. 相手が弱い2つのサービスを繰り返し練習して、使い分けるようにしよう。

03 作戦

試合に向けて相手を想定した練習
対戦相手を想定した練習

対戦相手の情報を事前につかみ、対策を練ることはとても大事。レシーブの傾向がわかれば、3球目に攻撃できる確率がぐっとあがる。

　試合に勝つためには、対戦相手がどのようなサービスを出すのか、どんなレシーブを打つのか、何が得意で何が苦手なのかなど、特徴や戦い方の傾向を事前に知り、対策を立てるとよい。そうした情報を、試合までにどれだけキャッチするかが重要だ。

　情報を集めた上で、「3球目はこうする」「レシーブではこのコースを多くする」といった想定ができれば、強い自信を持って試合に入れるだろう。さまざまなプレースタイルの傾向や特徴を理解し、それらを想定した練習をして、さまざまなパターンを身につけておこう。

STEP 1　サービスから3球目のシステム練習

人数	2人	回数	1セット
道具	ボール	時間	10分

システム練習で自分の得意なパターンを身につけよう。

Point　3球目から5球目のつながり

1. 練習者は下回転系のサービスを出し、練習相手にツッツキでフォア側へ返球してもらう。
2. フォアにくる3球目をドライブでストレートに打つ。
3. 2のボールをバック側へブロックしてもらい、バックハンドで打つ。

STEP 2　レシーブから4球目のシステム練習

人数	2人	回数	1セット
道具	ボール	時間	10分

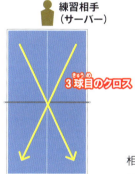

相手が3球目をクロスに打ってくることを予測。

Point　4球目をクロスで待つ

1. 練習相手にサービスを出してもらい、いろいろなレシーブで返球する。
2. 練習相手に3球目を必ずクロスに打ってもらい、攻撃できれば攻撃し、できなければつなぐ。
3. 3球目がクロスにくることを判断してから動き、4球目を打つこと。

STEP 3　対戦相手を想定したゲーム練習

人数	2人	回数	1セット
道具	ボール	時間	20分

戦い方のパターンの種類を増やす。

Point　事前の情報収集がカギ

1. ゲーム練習で、対戦する相手の特徴を想定して行う。
2. ゲーム練習では、サービスと3球目、レシーブと4球目をセットにして考える。
3. 対戦相手の情報は事前につかんでおき、サービスからのパターンと、レシーブからのパターンを準備する。

第3章　試合に勝つための作戦

04 作戦

試合のつもりで練習する
メンタルの考え方

卓球に限らず、すべてのスポーツ競技で、体を鍛えることと同様に重要なのがメンタルだ。メンタルが弱くて試合に勝つことはまずない。

試合で強いメンタルを発揮したいのであれば、練習のときから試合と同じような緊張感をもって取り組むこと。試合のときにだけ、都合よくメンタルが強くなることはない。技の上達のためには日々の練習が大切なのと同じように、メンタルも日々の心がけが大切だ。

日ごろから気迫のこもったプレーをしていれば、試合本番でも練習のときと同じような状態でいられるため、緊張して体が動かないといったことも少なくなるだろう。メンタルを養うためには、自分自身でしっかりと取り組むという強い意志が必要である。

STEP 1 練習時の考え方

完ぺきは求めない。ミスしてもマイナス思考にならないことが大切だ。

Point ミスしたときほど声を出す

1. 練習場の雰囲気をよくするために、みんなで「ファイトー!」と声を出して盛りあげる。人任せにしないで、みんなが率先して声を出す。
2. ミスをするとマイナス思考になりやすいが、ミスをしたときほど大きな声出しをして、元気を出そう。

STEP 2 試合前の考え方

あまり頭につめ込みすぎると、逆に迷ってしまうので、やりすぎには注意しよう。

Point 試合前に戦い方を整理する

1. 事前に対戦相手のことをノートにまとめておき、試合前に確認する。
2. ノートを見ながら、相手とどう戦うか、頭の中でイメージする。
3. 相手も試合前や試合中にいろいろ考えるので、戦いながら柔軟に対応することが大切。

STEP 3 試合中の考え方

「負けたらどうしよう」は、完全なマイナス思考だ。

Point 負ける準備はしない

1. 試合中に、「負けたらどうしよう」と考えてはいけない。「負けることを考える」ことは、負ける準備をしていることと同じだ。常に闘志を持って、冷静でいられるようにしよう。
2. 「負ける」ことではなく、「どのように点をとるか」に考えを集中させる。

第3章 試合に勝つための作戦

05 作戦

反復練習で課題を克服
自主メニューの反復練習

練習は、自分なりの目的やテーマをもって取り組むもの。その中で、個々の課題を克服したり、新しい技術を習得したりするためには反復練習が必要だ。

根気のいる反復練習を日々続けることが、課題の克服につながる。

　卓球選手は、個々にそれぞれの課題を持っている。その課題を克服するために、選手は誰でもみんな反復練習をする。うまくできないことをできるようにし、弱点をなくすために、同じことを何度も繰り返し練習するのだ。

　また、うまくできるようにするための課題もある。「さらに精度をあげる」「もっとパワーをつける」「もっと速く動く」など、自分の長所を伸ばしていくことも課題といえる。

　課題克服や新しい技術の習得はすぐにできるものではない。しっかりと時間をかけて、根気よく反復練習に取り組んでいこう。

STEP 1 課題克服の反復練習

人数	2人	回数	1セット
道具	ボール、防球ネット	時間	20分

繰り返し行うことで課題が克服される。

Point 多球練習で打ち込む

1. 課題を克服するには、多球練習が効果的だ。球出し役に、自分が苦手とするボールを出してもらう。
2. 苦手なボールを打つときは、体の使い方を意識して、うまく打ったときの感覚を覚えておき、自信がつくまでやりこむ。

STEP 2 技術修正の反復練習

人数	2人	回数	1セット
道具	ボール、防球ネット、カメラ（動画）	時間	15分

カメラで撮影して、フォームチェックも行う。自分の体がどう動いているか、動画で確認してみよう。

Point 回転量とスピードを意識

1. 弱点や不得意な技術を修正するために、反復練習を行う。
2. 次の順番で弱点を修正していく。
   ①相手に強打されない技術
   ②チャンスをつくる技術
   ③点をとる技術
3. ①が得意なら、②からはじめてもよい。

STEP 3 新技術習得の反復練習

人数	2人	回数	1セット
道具	ボール	時間	10分

技術は無限。新技術の習得にも積極的に取り組もう。

Point 新しい技術を本番で使う

1. 新しく覚えた技術を本番で使うために、反復練習を積み重ねていく。常に新しい技術を習得していく姿勢が必要だ。
2. 練習した新技術を本当に身につけるには、試合本番で思い切って使うのが一番。本番で新技術を試し、成功すれば必ず自信になる。

第3章 試合に勝つための作戦

06 作戦

相手の強みと弱みを知る
対戦相手を分析する

相手の力量を正確に分析することができれば、戦術の組み立てがうまくできるだけでなく、勝負どころでねらい通りのプレーができる。

相手の得意、不得意を知ることで、試合の流れを優位に進め、ピンチを逃れることができる。相手のことを知らなければスタートダッシュは切れない。

　相手を分析する能力は、戦術を立てる上でとても重要だ。分析の第一歩は、相手のことをよく観察すること。「どんなサービスを出すのか」「サービスの種類はどのくらいあるのか」「どんなレシーブをするのか」「チキータはできるのか」など、プレーの内容がわかれば、戦術や対策が立てやすくなる。

　特に大切なのは強みと弱みを見極めること。自分が得意なことでも、相手が一枚上手であれば、その技術は使わないほうが得策である。トップレベルの試合を観察して、戦術や打ち方、しぐさや点を取ったときの表現力を学べば、自分の成長につなげられる。そのためにも分析力はとても重要である。

STEP 1 サービス、レシーブ、パターンを見抜く

- □ どんなサービスを出すのか？
- □ サービスの種類は？
- □ どのコースに多いか？
- □ どんなレシーブが多いか？
- □ どんな技が得意か？
- □ サービスから3球目のパターンは？
- □ レシーブから4球目のパターンは？

個々の技術とパターンに分けてチェックしてみよう。

Point 具体的なプレーを探る

1. 対戦相手となる選手の試合や練習を見て、「どのような種類のサービスを持っているのか」「どのコースに出すのか」などをチェックして分析する。
2. サービス、レシーブからどのようなパターンで攻めてくるのかを記録しよう。
3. 記録から、相手にやらせない戦い方と相手にわざとやらせて待ち伏せする戦い方を考える。

STEP 2 特徴(長所・短所)を見抜く

- □ フォアハンドが強い？ バックハンドが強い？
- □ プレーする位置は台に近い？ 台から遠い？
- □ 攻撃するコースはストレートが多い？ クロスが多い？
- □ 何が得意で、何が苦手か？

サービスやレシーブの構え、動きから、打ちにくそうな部分、弱点を探ってみる。

Point 自分の長所で勝負できるか

1. STEP1と同様に、対戦相手の試合や練習を見て、得意な技術を記録する。次に苦手な技術やコース、パターンを探る。
2. 分析することで、例えば、自分が得意なことが、対戦相手も得意だったら、相手の弱点を攻める作戦に切り替えることなどもできる。

STEP 3 メンタルを見抜く

- □ メンタルは強いか？ それとも弱いか？
- □ 落ち着いているか？ あせっているか？
- □ 集中しているか？ まよっているか？
- □ 強気のときのしぐさは？ 弱気のときのしぐさは？

相手のしぐさだけでなく、自分のしぐさにも気をつけたい。

Point クセから次の予測をする

1. メンタルが強い選手は、得点後も失点後も攻める意識があり、メンタルが弱い選手だと、失点後は特に攻める意識が低くなる。
2. 相手のしぐさから、メンタル状態が予測できれば、次の戦術も立てやすくなる。
3. メンタルは大きく勝敗を左右するので、相手の状態を考えたうえで、最善の作戦を立てよう。

第3章 試合に勝つための作戦

07 作戦

事前に戦術の準備をおこたらないこと
複雑な関連性を理解する

自分や相手の能力、メンタル、過去の実績、経験など、試合ではさまざまなことが影響し合う。迷うことなくプレーができるように、関連性を理解しよう。

さまざまなシチュエーションの中で、冷静に判断できるように普段の練習から、その場面を想定して試合に臨もう。

　競技スポーツで、勝利という目標を達成する上で、戦術の果たす役割はとても大きい。戦術を理解するには、まず複雑な関連性を理解していくことが必要だ。例えば、対戦相手と自分の関係から戦術を考えてみる。前に対戦している選手ならば、そこで起きたことが大きく影響してくることもあるので、冷静に分析することが求められる。試合で自分のやりたいことだけをやるのは無謀だといえよう。

　メンタルの状態や性格も戦術に直結してくるので、しっかりとした考えや気持ちをもって、試合に臨むことが重要である。

　試合数を重ね、いろいろな経験を積む必要もあるが、練習時から試合をイメージし、さまざまな関連性を意識することで、マイナス思考からプラス思考へ転じることもできる。

　自分と周囲の関わりを考えることで、自分の試合を客観的な視点から見られるようにしよう。

第3章 試合に勝つための作戦

STEP 1 サービスで有利になったときの関連性

有利なときほど積極的に。

Point 自信をもって展開する

1本目のサービスで得点すると、2本目のサービスからの3球目攻撃の戦術が、考えやすくなるという関連性がある。同じサービスを連続してもよいし、違うサービスに変えてもよいので戦術の幅が広がる。精神的にも優位に立てるので、そのあとの試合を自信をもって進められる。

STEP 2 1本目にミスをしてしまった場合の関連性

ミスをしても消極的なプレーはさけなければならない。

Point ミスをしたときほどプラス思考

戦術通りに試合が進んだのに、ミスをしてしまった。それが戦術の迷いに結びつくことがある。ひとつのミスにより、同じことを続けてよいのか、変えたほうがよいのか迷いが生じるからだ。「ミスはしたが、よいプレーだった」と気持ちをプラスに考えることが重要だ。

STEP 3 相手に読まれていると迷ったときの関連性

迷ったときにどうするのか、普段から考えておく。

Point マイナスイメージを避ける

1本目の戦術が相手に読まれると、2本目のサービスを出すコースも読まれているのではないかという迷いが生じることがある。弱気になると、誰でもマイナス思考に陥りやすいもの。そういった状況をイメージして、弱気をはらいのける方法を考えておこう。

コラム

世界へ羽ばたけ
日本人も活躍する国際大会

卓球選手なら、誰もがあこがれる国際大会。世界中から集まった一流選手たちが、世界ナンバーワンを目指して、技術を競い合う最高の舞台だ。

オリンピック

4年に1度開催されるスポーツの祭典オリンピック。卓球がオリンピックの正式競技となったのは、1988年のソウル大会から。当時は男女のシングルスとダブルスの4種目が行われていたが、2008年の北京大会より、ダブルスから団体戦に種目が変更された。

日本が初めてメダルを獲得したのは、2012年ロンドン大会での女子団体。平野早矢香、福原愛、石川佳純のメンバーで銀メダルを獲得した。2016年リオジャネイロ大会では、水谷隼がシングルスとしては日本初となる銅メダルを獲得。さらに男子団体が銀メダル、女子団体が銅メダルと、大活躍したのは記憶に新しい。

2020年東京大会では、新たに混合ダブルスが加わり、5種目で競うことになった。ちなみに、オリンピックに出場できるのは、1国から最大で男女各3名。とてもせまき門である。

世界選手権

1926年にロンドンで、第1回世界選手権大会が開催された。毎年開催された時期と、2年に1度開催された時期があるが、現在は、団体戦と個人戦が隔年で開催されている。

日本が初めて世界選手権に参加したのは、1952年のインド・ボンベイ大会。全部で7種目ある中、日本チームは女子団体、男子シングルス（佐藤博治）、男子ダブルス（藤井則和・林忠明）、女子ダブルス（西村登美江・楢原静）の4種目で優勝した。

その後、日本が参加した大会では、1979年まで何らかの種目で必ず優勝していたので、世界に「卓球日本」の名をとどろかすことになった。しかし、中国が台頭してきてからは優勝の2文字が遠くなり、2017年に混合ダブルスで吉村真晴・石川佳純が優勝するまで、長い間、世界のタイトルから見離されてきた。

2017年の大会では、混合ダブルスの優勝のほか、合計で5つのメダルを獲得。若手の選手が台頭してきたことで、「卓球日本」の復活の兆しが見えてきた。王者中国を倒し、念願の金メダルを獲得するのは、あなたかもしれない。

第4章
トレーニング

01 体づくり

軽快な足の動きを身につける
ステップトレーニング

卓球は細かいステップの連続。前後左右に機敏なステップを踏むことができれば、攻撃にも守備にも役立つ。毎日のトレーニングで取り組むようにしよう。

ラダートレーニング1（前後）

レシーブのときの前後の動きをよくするだけでなく、ラリー中の前後の動き、微調整がスムーズにできる。

| 部位 | 股関節・足 | 回数 | 左右各5セット |

① ラダーを置いて前後の動きをすばやく行う。ラダーの外からスタートし、中に向かって、右足→左足の順に1歩ずつ入れては下げる。
② 足先だけで行わず、足のつけ根から動かすこと。
③ 左足→右足の順に、反対の向きでも行う。

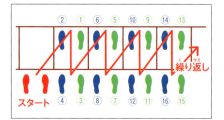

ラダートレーニング2（左右）

フォアハンドとバックハンドの切り替えや、左右のフットワークを鍛える。

| 部位 | 股関節・足 | 回数 | 5セット |

① ラダーを置いて、左右に細かい動きをしながら前に進む。
② ラダーの外からスタートし、左右に動きながら前へ進む。ラダーに近いほうの足から蹴り出して動く。

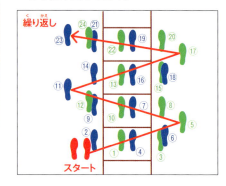

両足の切り替え1（前後）

部位	股関節・足
回数	5セット

❶ 三角コーンを14〜15本まっすぐに並べる。三角コーンと三角コーンの間隔は、自分のシューズサイズの2足分くらいにする。

❷ 三角コーンと三角コーンの間に右足から入り、右にずれながら、右足から出る。

❸ 同様に左足から入り、左足から出る動作を三角コーンが終わるまで繰り返す。

❹ 股関節から足を動かして、前に入ったり、うしろに下がったりすることを意識する。

三角コーンを使った両足の前後の切り替えトレーニング。

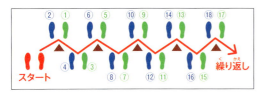

シューズ2足分の間隔。

両足の切り替え2（左右）

部位	股関節・足
回数	5セット

❶ 三角コーンを14〜15本まっすぐに並べる。三角コーンと三角コーンの間隔は、自分のシューズサイズの2足分くらいにする。

❷ 両足とび（前）→両足とび（前）→飛びつき（フォア側）→戻る→両足とび（前）→両足とび（前）→回り込み（バック側）の順に行う。

❸ 基本の姿勢（→P.18）をキープしたまま行う。フォア側・バック側の両方で着地後にすばやく素振りをする。

三角コーンを使った両足の左右の切り替えトレーニング。

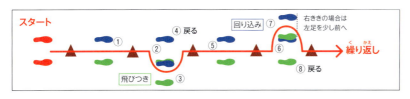

02 体づくり

股関節の使い方がわかる
片山エクササイズ①

ステップの向上と、股関節まわりをうまく使えることが卓球の技術力アップには欠かせない。股関節から上半身、股関節から下半身への力の伝え方を覚える。

四つんばい

両手や両ひざが開きすぎないようにする

股関節まわりから始めて、反る曲げるを繰り返す。股関節から連動して上半身が動くようにする。

❶ 両手のひらを両肩の真下につき、足のつけ根やひざが直角になる体勢をとる。両手や両ひざの間隔が開きすぎないように保つ。
❷ その体勢で背中を反ったり、曲げたりする。そのとき、股関節の位置が前やうしろにずれないようにする。
❸ 最初は補助役をつけ、反ったり、曲げたりする位置を押してもらい、動かす場所をしっかりと意識する。

| 部位 | 股関節、上半身、首 |
| 回数 | 20回 2セット |

背骨を軸に上半身をうしろへひねる

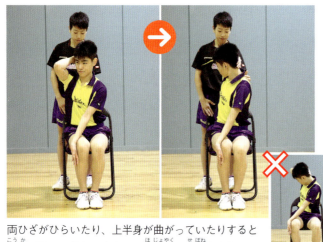

両ひざがひらいたり、上半身が曲がっていたりすると効果がない。難しいときは、補助役に背骨をさわってもらって、まっすぐかどうかをチェックしてもらう。

❶ 背すじを伸ばしていすにすわり、目線を前に向ける。腰を反らせて胸を張ること。
❷ 片方の手の甲を、反対側（ひねる方向）のひざの外に当てる。もう片方の手は後頭部に当てる。
❸ 両ひざをくっつけたまま、下半身を動かさずに、背骨を体の軸にしてうしろへひねる。
❹ 両手を入れ替えて反対側も同じように行う。

| 部位 | 股関節、上半身、首 |
| 回数 | 左右各20回 2セット |

両内ももに力を入れる

① いすに浅くすわって両足を開き、補助役の手を押す。
② 肩や腕で補助役を押さずに、上半身のひねりで押す。目線が下に向かないようにし、両内ももに力を入れる。
③ ももの外側に力が入ると、股関節まわりに力が入らないので注意する。

部位	股関節、上半身
回数	10回 2セット

股関節まわりの力を上半身のひねりに伝え、スイングの力を発揮するトレーニング。これができれば、余計な力をかけずにスイングができるようになる。

くずれやすい体勢でのトレーニング

① いすに浅くすわって両足を開き、ひねる方向の手のひらを耳のあたりに当てる。
② 上半身を少ししろにひねった状態がスタートの位置。このときは胸を張らない。
③ 上半身のひねりを戻していくとともに、胸を張る。

部位	股関節、上半身
回数	10回 2セット

あえてくずれやすい体勢をつくり、股関節の力と背骨のひねりで、スイングの力を発揮するトレーニング。ひねるときに、ひざとひざの間隔が開きすぎないように注意する。

03 体づくり

体の軸のつくり方を知る
片山エクササイズ②

体を通る中心軸（体の中央）、左軸（左鎖骨と左足つけ根中央）、右軸（右鎖骨と右足つけ根中央）の上に、上半身がくるように意識づけするエクササイズ。

中心軸のつくり方

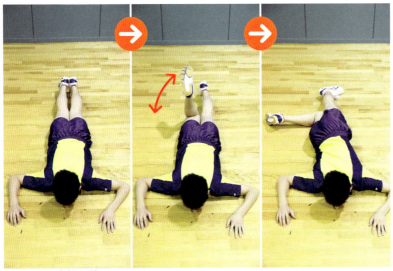

両内ももは絶対に離さないようにする。

❶ うつぶせになり、両ひじを直角に曲げて手をつく。
❷ 両足の内側をくっつける。ひねるほうのひざを曲げ、足を外側に倒す、あげるを繰り返す。
❸ 足を倒すときは必ず、股関節から倒すことを意識する。倒した足をあげて戻すときも、股関節を意識する。
❹ 下半身の内側と背骨が、上から続いていることを常に意識する。

部位	股関節
回数	左右各10回2セット

左右の軸に乗せる

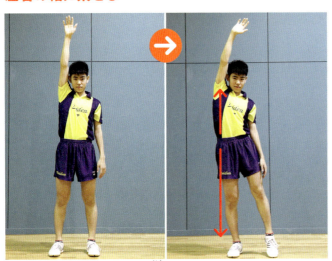

打球時には、左右のどちらかに軸をつくることが大切。そのためのエクササイズだ。

❶ 両足を肩幅に広げて立つ。
❷ 右手を上にゆっくり伸ばしていき、右足に軸（右軸）をつくる。このとき、あげた手の小指が真上を向くようにする。
❸ 左側でも同じことを行う。

部位	股関節
回数	左右各10回2セット

肩関節からのひねり

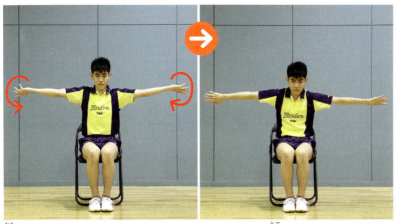

肩、ひじ、手首の関節の順にひねることで、上半身から腕へ力がつながる。

① いすにすわって、両手のひらを上にして左右に広げる。
② 腰を反って、胸を張る。肩の高さまで両腕をあげる。
③ 上半身から腕へと力をつなげていくために、肩、ひじ、手首の順にひねる。
④ うしろへのひねりと前へのひねりの両方向を行う。

| 部位 | 肩、ひじ、手首 |
| 回数 | 前後ひねり10回 |

中心軸から動き出す

わかりにくかったら補助役に背骨をさわってもらう。

① 頭を床につけて、横向きにねる。両腕を横に伸ばして、両ひざを曲げる。
② 上にある手を前に伸ばし、体が下に向くまで倒す。
③ 腕の力は完全に抜く。向きを変えて両方の腕で行う。
④ 股関節まわりから動かし、上半身の中心軸を意識する。手先から動かすと体勢がくずれやすくなるので注意する。

| 部位 | 背骨、股関節 |
| 回数 | 左右各10回 |

左右の軸に乗せる

わかりにくかったら補助役に少し押さえてもらう。

① 床にあおむけにねて、両腕を横に伸ばす。片方のひざだけ横に曲げる。
② 伸ばしているほうの足の股関節で、腰のあたりが反るように持ちあげる。
③ 両腕の力で持ちあげないこと。

| 部位 | 股関節 |
| 回数 | 左右各10回 |

04 体づくり

不安定な状態でも打てるバランス力
バランストレーニング

バランスボールを使って、股関節の動きをよくするトレーニング。腕の力を使うのではなく、体のひねりで力を発揮することを覚えよう。

股関節の前後の運動

❶ バランスボールにすわり、写真のように腕を組んで背すじを伸ばす。
❷ 上半身の姿勢をくずさないようにしながら、腰を前後に動かし、背中を丸めたり、反ったりする動作を繰り返す。股関節を意識して行うこと。
❸ 目線は常に前に向ける。上半身はリラックス。

| 部位 | 股関節 |
| 回数 | 前後各10回 |

不安定な状態でも、股関節まわりをうまく使えるようにするトレーニング。ほかのトレーニングもふくめて、股関節まわりから力を発揮し始めることを意識する。

股関節の左右の運動

❶ バランスボールにすわり、写真のように腕を組んで背すじを伸ばす。
❷ 股関節を意識して、腰を左右に動かす動作を繰り返す。
❸ 両肩のラインは平行のまま、上半身の体勢をくずさないよう注意する。目線は前に向ける。

| 部位 | 股関節 |
| 回数 | 左右各10回 |

上のトレーニングと同様に、不安定な状態でも、股関節まわりをうまく使えるようにするトレーニング。

股関節を回す運動

前の運動で行った、前後と左右の動きを組み合わせた運動。写真は、腰を時計回りに前→右→うしろ→左に動かしている。

部位	股関節
回数	右回り10回、左回り10回

❶ バランスボールにすわり、写真のように腕を組んで背すじを伸ばす。
❷ 股関節を意識して、腰を時計回り、逆時計回りに回す動作を繰り返す。
❸ 上半身の体勢をくずさないようにし、目線は前に向ける。

股関節とひねりで力を発揮する

❶ バランスボールにすわり、背すじを伸ばす。
❷ 補助役に、体の横を目がけてボールを投げてもらう。
❸ すわったまま、上半身をひねってボールをキャッチし、そのひねりを戻す力でボールを投げ返す。ボールは手だけでとりにいかないようにする。
❹ ボールは左右両方に投げてもらい、左右にひねるトレーニングをする。

腰を反って胸を張った状態で行う。上半身をひねるときは、股関節を意識する。

部位	股関節
回数	左右各10回2セット

すわって打球する

❶ バランスボールにすわり、背すじを伸ばす。
❷ すわったままの状態で、卓球のボールを打ち返す。
❸ 球出し役は、台の外に出るような打ちやすいバウンドで送球する。
❹ 打球するときは軸の回転を意識して、腕の力にたよらないこと。

部位	股関節
回数	左右各10回2セット

股関節が傾いていると体が安定せず、打球に力が入らない。

05 体づくり

心肺機能を鍛える
ランニング

ランニングは全身運動で、心肺機能を高めるためにとても有効なトレーニングだ。十代の選手は、心肺機能を向上させるために多く練習に取り入れよう。

卓球に限らず、すべてのスポーツの基本となるランニング。足腰を鍛えられるだけでなく、心肺機能も向上する。また、がまん強さも身についていく。

速く走れるようにトレーニングするのだが、実際の卓球の試合時間を考えて行うと、より効果的だ。さらに、地面を蹴る足を、股関節から動かす意識を持つことで、股関節から足先までがスムーズに動かせるようになる。また、腕の振りを足の動きに合わせて、下半身と上半身を一緒に使う意識を持つことも大切だ。

特に十代の選手には、基礎体力を向上させるためにも、時間をさいてランニングを取り入れてもらいたい。

20分間走、30分間走

試合時間に合わせてランニングを行う。

❶ 卓球の試合時間は短ければ20分、長ければ30分くらいなので、その時間に合わせてランニングを行う。
❷ 試合の出足から最後の1本まで全力を出しきることを考えて行う。
❸ 1人で走ることも大事だが、チームの仲間と一緒に走って競争意識も高めていく。

| 部位 | 下半身 |
| 回数 | 20分or30分 1回 |

第4章 トレーニング

インターバルランニング

ラリー時間に合わせてランニングを行う。

❶ 速いスピードで20秒走ってから、10秒間歩いて呼吸を整える(ラリーは長くて20秒、ボールをひろう間合いは短くて10秒)。
❷ 上記❶の走り方を20分間、または30分間連続して行う。
❸ 練習場など室内でもできるランニングだ。

| 部位 | 下半身 |
| 回数 | 20分or30分 1回 |

勝つための
チーム環境づくり

個人戦、団体戦にかかわらず、部活動のメンバーとしてみんなで助け合い、協力し合うと、まとまりができて競技力が向上し、試合での勝利につながる。そのためにはメンタルの強化、意識づくり、思いやりを持つことをふだんから心がけたい。

1 自分のことを知る

チームに自分勝手な選手や、ほかの選手の足を引っ張るような行動や言動をする選手がいてはよくない。そのために、まずは1人ひとりがまじめに練習に取り組み、前向きに協力し合い、目標を持つことが重要だ。

① 月目標

目的が明確でなければ、人は行動できない。卓球も同じで、練習でも生活面でも目的意識をしっかりもって、目標を立てよう。目標を達成するためには、具体的に何をいつまでにするのかを決める。達成不可能なことは、目標ではない。達成可能で具体的な方法を考えるとよい。そのために月目標をつくろう。

目標を達成するための方法
1. ラケットケースに1枚入れ、部屋の壁に1枚貼る。
2. 多すぎても達成できないし、何をするかを忘れるので、2〜3個くらいがよい。
3. トレーニングは回数や頻度まで細かく設定する。

「月目標」の例
「心」の部分は難しく考えず、大きな声であいさつするや、笑顔で返事する、毎朝、鏡に向かって「今日もがんばろう！」と自分に話すといった、簡単なことを続けることが大切。

月目標

心
1. 強いメンタルをつくる
   - 良い表情づくりを毎朝鏡の前で行う。
   - あいさつを大きな声で！
2. 練習中の声出しで1番になる。
   - 誰にも負けない大きな声
   - 誰にも負けない回数
   → 自信につながる

技
1. フリックレシーブの強化 — 週5回1日200本
   ※ひじ、前腕の意識
2. バックハンドストレートの強化 — バックハンドストレートに打球するメニューを毎日行う
   ※下半身の向きと手首を意識する

体
1. 体幹を鍛える — 3つのメニューを週4回3セット行う。
2. ご飯をおかわりする — 夕飯は必ずおかわり！

② 報・連・相

「報・連・相」とは、「報告」「連絡」「相談」の頭文字を使ったことばだ。人に話すことで、通じ合ったり理解してもらえたりすることがある。悩んでいても、誰かに相談することで解決し、よい方向に向かうことは意外に多い。

チームで行動していると、全員がすべてを同じように理解することは難しい。大きな声で報告や連絡をすることで、伝えた人以外も認識するため、不安なことや、困ることが少なくなる。

相談するときに気をつけたいのが、自分の考えを持っておくこと。相手にすべてを解決してもらうつもりで相談しても、自分の成長にはつながらない。

指導者が注意すべきなのは、故障や違和感を隠してギリギリまでがんばってしまう選手の存在だ。早期に治療すれば問題ないケガや故障でも、遅くなれば完治まで時間がかかることもある。指導者にケガのことを報告すると、小言をいわれてしまうかもしれないが、隠していては何の解決にもならない。早い段階で報告しよう。

勝つためのチーム環境づくり

③ メンタルトレーナーの活用

勝つためには普段の練習が重要だが、メンタルが不安定でも試合では勝てない。試合では勝ったり負けたりするが、そのたびに気分に浮き沈みがあっては、試合や練習に集中できないだろう。卓球をやる最終的な目的を見失わないためにも、メンタルトレーナーによる考え方や気持ちのつくり方を学ぶことは、必ず将来に生きてくるはずだ。

願望や意欲がなければ、次のステップには進めない。自分を知ることで、何をしたいかがわかる。そこがプラス思考になるスタートラインだ。このあとに紹介する卓球ノートなども活用しながら、まずは自分と向き合うようにしよう。もし、機会があったら、専門のメンタルトレーナーに考え方や心構えを教えてもらうのもよいだろう。

2 選手としての自覚、意識を高める

勝てるチームにするには、選手個人の意識を高めていく必要がある。選手やチームとしての意識を高めるためにはいくつかの方法がある。いろいろと工夫して、チームの意識を高めていこう。

中学3年間の将来目標（例）

中学1年	4月	中学3年生での最終目標を決める (例：全国中学校大会でシングルス優勝!!) ↓ 4か月間（強化するポイント）
	7月 8月	地区大会での目標設定(例：ベスト4) 県大会での目標設定(例：ベスト4) 東海大会での目標設定(例：ベスト8) 全国大会での目標設定(例：ベスト8) ↓ 5か月間（強化するポイント）
	1月	全日本卓球選手権での目標 ↓ 2か月間（強化するポイント）
	3月	全国中学選抜卓球大会でのチーム目標
中学2年	4月	↓ 4か月間（強化するポイント）
	7月 8月	地区大会での目標設定(例：優勝〈1位〉) 県大会での目標設定(例：優勝〈1位〉) 東海大会での目標設定(例：優勝〈1位〉) 全国大会での目標設定(例：ベスト4) ↓ 5か月間（強化するポイント）
	1月	全日本卓球選手権での目標 ↓ 2か月間（強化するポイント）
	3月	全国中学選抜卓球大会でのチーム目標
中学3年	4月	↓ 4か月間（強化するポイント）
	7月 8月	地区大会での目標設定(例：優勝〈1位〉) 県大会での目標設定(例：優勝〈1位〉) 東海大会での目標設定(例：優勝〈1位〉) 全国大会での目標設定(例：全国大会で優勝!!) ↓ 5か月間（強化するポイント）
	1月 3月	全日本卓球選手権 ジュニアの部でベスト8

① 将来の目標設定

例えば、中学3年間の最終目的地を決め、そこから逆算して各年での達成可能な目標を決めていく。できあがった年表をみると、おそらくほとんどの人が、残った時間が少ないと感じるであろう。将来を考えて行動している人と、そうなれたらいいなと漠然と考えて行動している人では、大きな差が生まれる。

ここにある目標はかなり高いレベルになっているが、全国大会でも県大会でも地区大会でも考え方は同じである。

② 個人面談

指導者が選手と定期的に個人面談を行い、意見交換をするとよい。前の月目標などを活用してその月の振り返りをし、翌月の目標設定に反映させていく。目的も目標もなく、ただ練習するだけでは高い効果は望めない。「何に取り組むのか?」「その理由は?」など、選手自身が理解し、指導者と共有することが大切だ。

③ 卓球ノートの活用

試合の振り返りをして、「次はどうしていくか?」「次の大会ではどうなりたいか?」などを必ずノートに書く。ここで注意してほしいのが、日記や反省ばかりにならないこと。大事なことは、ノートを通して選手自身が成長することだ。成長するためには次のステップをたくさん考えたほうがよい。

また、対戦する相手の情報や対策などを書いておいたり、対戦予定がなくても、今後を考えて、勝ちたい相手の対策をノートに書いて保管しておけば、いつか必ず役に立つ。

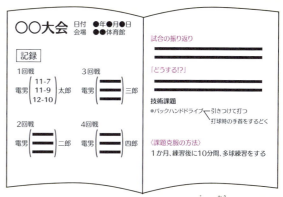

ノートで大事なのは、試合中の場面の振り返りと、次の大会で「どうする!!」を書くことだ。例えば、以下のように書いてみるとよい。

- ●試合の振り返り

7-5でリードしている場面。追加点は取りたいが、ミスをして1点差に縮まるのが嫌だったので、相手サービスを相手のミドル付近に返球するだけの工夫のないレシーブをした。そうしたら相手に攻撃されて失点してしまい、その結果、逆転されて負けてしまった。

- ●「どうする!?」

次の大会では、ミスを恐れず、大事な1本となる場面では、点を取ることを考えて積極的に実行する。

➡このように、それぞれ具体的に考えれば、自分のやるべきことが明確になる。

勝つためのチーム環境づくり

3 思いやりの心を育み人間力を高める

人への思いやりや気づかいは、人格をみがき、人間力を高めるために大切な要素だ。スポーツを通して学び、人格のすぐれた選手をめざそう。

① チームメートを応援する

練習試合や大会で、次の試合までに時間があるときや、試合がない場合は、チームメートの応援をしよう。ひとつの声かけやまとまった応援が、1点をもぎ取ったり、勝ちに結びついたりするケースは多い。卓球は個人スポーツではあるが、仲間の後押しは大きな力へと変わる。

ただし、声かけをするときは、自分ならこの場面でどのように声をかけてもらいたいかをよく考えること。そうすれば、きっとその言葉がチームメートにも適切な声かけになる。

そのためにも、自分も一緒に戦っている気持ちになり、試合の状況を理解する必要がある。よそ見をしている姿は、試合をやっている選手にとって気になるので注意しよう。

団体戦へ送り出す前、選手の肩や背中を叩いてエール。

② ドリンクを運ぶ

団体戦などでは、試合に出る人、ベンチで応援する人、観客席から応援する人に分かれるが、試合に出る選手にはあまり仕事をさせたくない。そんなとき、率先して「自分が持つよ」という人が出てくるチームはよいチームだ。重いものを持つと肩や腰に負担がかかり、体のバランスをくずして、調子を落とす。チーム全体で戦っていることを、補助にまわる選手は大切にしてほしい。一方、試合に出る選手は、補助の選手がやるのが当たり前だと思ってはいけない。感謝の気持ちを持ち、その分、試合で最後まであきらめずに戦う姿を見せるべきだ。

③ 試合をビデオで撮影する

試合には、トーナメント表の順に入るので、次に対戦する相手も同じ時間帯に試合をしている。そのため、本人は対戦相手の研究ができない場合が多い。そんなとき、仲間に次の対戦相手の試合をビデオで撮影してもらえれば、次の試合までに研究できる。情報があるのとないのでは大きく違う。情報は勝つための重要な要素だ。チーム内でお互いに情報を伝え合うことで、仲間とのきずなも強くなり、よいチームになっていく。

④ ボールひろいをする

試合前は、試合に出場する選手がメインで台につく。そんなとき、控えの選手が積極的にボールをひろってあげたら、練習している選手も集中しないといけないと思うはず。ボールをひろってくれる仲間がいるから、練習に集中できるし、落ちたボールを踏みつけて転ぶ心配もない。練習する選手は、感謝の気持ちを絶対に忘れないこと。

⑤ 掃除・整理整頓

練習前には必ず掃除をして、きれいな環境をつくることが極めて大切だ。ゴミが落ちていたり、ほこりがたまっていたりする状況は、衛生的にもよくない。また、台がきれいに並んでいる練習場は気持ちがよい。練習後にボールが落ちていないか確認して、練習場の整理整頓を行うところまでしっかりやろう。環境を大切にすることや、道具を大切にすることも、人間形成につながる。

勝つためのチーム環境づくり

これだけは知っておきたい
卓球の基礎知識

卓球台の各部名称

エンドライン
卓球台の短辺サイドの縁に引かれた幅2cmのライン。

サイドライン
卓球台の長辺サイドの縁に引かれた幅2cmのライン。

プレーイングサーフェス
卓球台の表面のこと。サービスを出すときは、フリーハンドに乗せたボールがプレーイングサーフェスよりも上になくてはならない。

バック
ラケットを持つ手の反対方向に飛んでくるボールコース。右ききの場合、右ひじより左側で打つ。

競技領域

卓球では、安全のため、試合時に最低限確保しなければいけないエリアが決まっている。卓球台を中心に短辺7m×長辺14m（高さ5m）の長方形のエリアだ。ただし、プレー中にエリアを飛び越えてボールを追いかけても問題はない。

センターライン
エンドラインの中心を結ぶように引かれた幅3cmのライン。

ミドル
体の正面に飛んでくるボールコース。

フォア
ラケットを持つ手の方向に飛んでくるボールコース。右ききの場合、右ひじより右側で打つ。

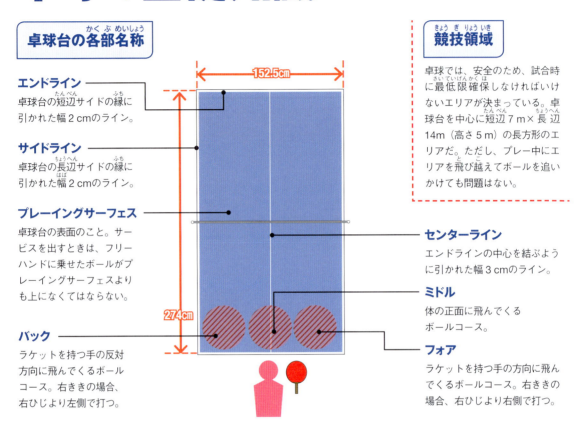

コートの各部名称

小学2年生以下の試合では、高さ66cmの卓球台が使用される。

エッジ
卓球台の縁（角）の部分。エッジに当たった場合、「エッジボール」といい、有効打とみなされる。

ネットアセンブリ
ネット＋つりひも＋サポートの3点を合わせた呼び方。ネットをつりひもでつるし、サポート（支柱）で両端を支える。ネットはプレーイングサーフェスから高さ15.25cmを保たなければならない。

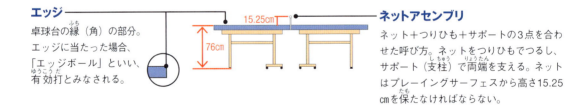

選手の位置どり

前陣
卓球台のすぐ近くのエリア。

中陣
卓球台から少し離れた前陣と後陣の間のエリア。

後陣
卓球台から一番離れたエリア。

ボールの種類

大きさ 直径40mm、重さ2.7g

色 白とオレンジ色がある。環境（照明、床、背景）やユニフォームの色、卓球台の色によってボールが見えづらい場合があるため、使い分けている。

ランク ボールは星印の数によって4段階にランクづけされている。公式戦では、一番高いランクのスリースターボール（星印3つ）が使われる。その他（星印2つ、1つ、無印）は練習などで使われる。

知っておきたい卓球用語集

ア
インパクト	ボールがラケットに当たる瞬間。
上回転	上から下に、前に進むように回転するボール。相手のラケットに当たると上にはね返る。トップスピン。
オーバーミス	ボールが相手コートをバウンドすることなく、卓球台の外に出てしまうミス。
オールコート	卓球台全面のこと。また試合形式の練習。

カ
かけ返し	相手の強打に対して、ブロックするのではなく、強く打ち返して、逆襲すること。
逆モーション	相手の予測を外すための動作。フォアハンドからクロスに打つ動きでストレートに打ち抜く、という技がよく使われる。
グリップ	ラケットの握り、持ち方。無理のないグリップの握り方が正確な打球を可能にする。
クロス	コートの対角線を結ぶボールコース。
コース	フォア、ミドル、バックという3つのコースがある。コースどりを身につけることで、試合を優位に運ぶことができる。
コーナー	卓球台の角（隅）。

サ
サイド	卓球台の表面とエッジを除いた側面部分。自分の打球がサイドに当たった場合、失点となる。
サイドステップ	すばやく横に移動する動作。
下回転	下から上に回転するボール。相手のラケットに当たると下に落ちる。逆回転。バックスピン。
ショート	飛距離の短い打球。またはその打ち方。
シュート	ボールの回転に横回転を加え、うしろから横に転がす打法。カーブとは逆に曲がる。
スイング	素振り。フォアハンドやバックハンドによって、スイングの形が変わってくる。
スタンス	両足の幅。肩幅と同じくらいが安定しやすい。
ストレート	サイドラインと平行なボールコース。
スピードドライブ	回転数が少なく、スピードを意識したドライブ。
スマッシュ	甘く入ったボールを全力で強打する打ち方。もっとも球速がある。
セット	「ゲーム」の次に大きい単位。卓球では11点先取で1セットを取ることができる。
前進回転	回転数をおさえた上回転のひとつ。通常のサービスなどに使われる。

タ
チャンスボール	自分にとって打ちやすい有利なボール。
テイクバック	スイングする前に、腕をうしろに引く動作。テイクバックの大きさによって、打球の威力や難易度が変わる。

ナ
ナックルボール	無回転、もしくは無回転にかなり近いボール。
2歩動	短距離を移動する動作。すばやい2歩の足運びで、ボールに備える。
ニュートラルポジション	基本姿勢。レシーブやボールを打ったあとは、すばやくこの姿勢に戻り、返球に備える。
ネットミス	ボールがネットに引っかかり、相手コートに入らないミス。

ハ
フェイントモーション	サービスの一種で、フェイントを入れることで相手の意表をつく動作。
フォロースルー	打ったあとの腕が、自然に振り抜かれた動作。
プッシュ	強く押し出すように返球する打ち方。
フリーハンド	ラケットを持っていないほうの手。
ヘッドスピン	上回転のスピン。

ラ
ラリー	サービス以降、たがいにボールを打ち合うこと。
両ハンド	フォアとバックを使い分ける打ち方。
ループドライブ	スピードが遅く、回転数が多いドライブ。
ロング	飛距離の長い打球。またはその打法。

監修・学校紹介

監修

真田浩二 監督

中学・高校・大学と卓球に打ち込み、それぞれでシングルス日本一に輝く。ほかに全日本選手権ではダブルスでは準優勝、ミックスダブルスでも準優勝を誇り、海外留学も経験。2001年には日本代表として世界選手権にも出場するなど数々の成績を収めた。現役引退後は、母校である愛知工業大学附属中学校（当時）の監督に就任し、2017年現在では5年連続で全国制覇へと導いている。

学校

愛知工業大学名電中学校

愛知県名古屋市にある愛知工業大学の附属中学校。「一握りのエリートではなく、企業の第一線で活躍できる真の技術者を育てたい」という建学の精神のもと、学業と部活動を通して、社会に貢献できるような誠実で、素直に努力のできる人材を育てている。卓球部をはじめとする数多くの運動部が好成績を収めている。

部活動の風景

練習前に、部員たちへ熱のこもったアドバイスを送る真田監督。

横谷 晟

白山 遼

篠塚大登

鈴木 颯

卓球部

卓球というスポーツを通じ、人間性を高めることを目標として活動。真田浩二監督の指導のもと、強豪校の壁を乗り越えるため、日々の生活の中でも洞察力を鍛えるといったメンタルトレーニングを続けてきた。その結果、2013年から17年にいたるまで、重圧がおしかかる中、選手たちは全力を出し切り、全国中学校卓球大会・全国中学校選抜卓球大会の両大会で5連覇という成績を収めている。

編集	ナイスク（http://naisg.com） 松尾里央　岸 正章　河野 将　今野 元
装丁・本文フォーマット	大悟法淳一　大山真葵（ごほうデザイン事務所）
デザイン・DTP	武田理沙（ごほうデザイン事務所） 沖増岳二
撮影	本美安浩
イラスト	山形彰吾
取材・文	野中直広

勝てる！強くなる！
強豪校（きょうごうこう）の部活練習メニュー

卓球

初版発行　2018年2月

監修	真田浩二（さなだこうじ）
発行所	株式会社 金の星社 〒111-0056 東京都台東区小島1-4-3 電話 03-3861-1861（代表）　FAX 03-3861-1507 振替 00100-0-64678　　http://www.kinnohoshi.co.jp/
印刷	図書印刷 株式会社
製本	東京美術紙工

128P　26.3cm　NDC780　ISBN978-4-323-06496-3 C8375

©Naisg, 2018
Published by KIN-NO-HOSHI SHA Co.,Ltd, Tokyo Japan

乱丁落丁本は、ご面倒ですが、小社販売部宛てにご送付ください。
送料小社負担にてお取り替えいたします。

JCOPY　出版者著作権管理機構 委託出版物

本書の無断複写は著作権法上での例外を除き禁じられています。複写される場合は、そのつど事前に
出版者著作権管理機構（電話 03-3513-6969、FAX 03-3513-6979、e-mail: info@jcopy.or.jp）の許諾を得てください。
※本書を代行業者等の第三者に依頼してスキャンやデジタル化することは、たとえ個人や家庭内の利用でも著作権法違反です。

勝てる！強くなる！
強豪校の部活練習メニュー
第2期 全3巻

- シリーズNDC780（スポーツ、体育）
- B5判 128ページ
- 図書館用堅牢製本
- 小学校高学年・中学生向き

全国でスポーツに励む小中学生のために、各種目の強豪校の練習方法を紹介。基本的な練習から実戦練習、筋力トレーニング、チームマネジメントまで、強くなるための方法を完全網羅。練習メニューの組み方も解説しているので、「部活を始めたばかりでどんな練習をしていいかわからない」「練習をしても試合で勝てない」などの悩みを解決できます。

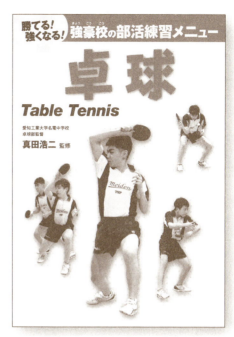

卓球
愛知工業大学名電中学校 卓球部監督
真田浩二 監修

「ドライブ」「ブロック」「ツッツキ」
「カット」「ストップ」「ダブルス」など

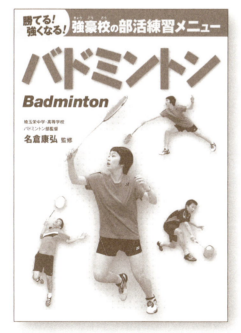

バドミントン
埼玉栄中学・高等学校 バドミントン部監督
名倉康弘 監修

「スマッシュ」「ハイバック」「ドライブ」
「ロブ」「プッシュ」「ダブルス」など

水泳
日本大学豊山高等学校・中学校 水泳部監督
竹村知洋 監修

「クロール」「バタフライ」「平泳ぎ」
「背泳ぎ」「飛び込み」「ターン」など